新ケンとジュリー2

オリジナルノート

（2課―12課）

学部		学科	年
学籍番号			
氏　名			

目　次

【疑問詞を復習しよう】

疑問副詞

quand	いつ
où	どこ　d'où どこから
comment	どのように
combien	いくつ, いくら
combien de (d') + 無冠詞名詞 ～をいくつ
pourquoi なぜ　parce que(qu') なぜなら

疑問代名詞

qui / qui est-ce qui	誰が
qu'est-ce qui	何が
qui / qui est-ce que(qu')	誰を
que(qu') / qu'est-ce que(qu')	何を
前置詞 + qui	誰 + 前置詞
前置詞 + quoi	何 + 前置詞

疑問形容詞

quel
quelle
quels
quelles
どの / どんな
何 / 誰 / どれ

日本語文に合わせてフランス語の疑問文を完成させなさい.

(1) あなたはどこへ行きますか？　―カナダへ行きます.

　　　　　　（　　　　　　　　　　　　） allez-vous ? — Je vais au Canada.

(2) いつカナダに行きますか？　―明日です.

　　　　　　（　　　　　　　　　　　　） allez-vous au Canada ? — Demain.

(3) カナダにどのように行きますか？　―飛行機で.

　　　　　　（　　　　　　　　　　　　） allez-vous au Canada ? — En avion.

(4) お元気ですか？　―とても元気です. ありがとう.

　　　　　　（　　　　　　　　　　　　） allez-vous ? — Très bien. Merci.

(5) 何人さまですか？　―3 人です.　（　　　　　　） êtes-vous ? — Nous sommes trois.

(6) なぜ彼女は来ないのですか？　　（　　　　　　　　） ne vient-elle pas ?

(7) 友だちは何人？　―たくさんいるよ.

　　　　　　（　　　　　　　　　） d'amis as-tu ? — J'ai beaucoup d'amis.

(8) いくらですか？　―10 ユーロです.　Ça fait （　　　　　　） ? — Ça fait dix euros.

(9) これは何ですか？　　　　　　（　　　　　　　　　） c'est ?

(10) どなた？　―私です, ジュリーです.　（　　　　　　　） est-ce ? — C'est moi, Julie.

(11) ご職業は何ですか？　―学生です.

　　　　　　（　　　　　　　） faites-vous dans la vie ? — Je suis étudiant.

(12) 何が起きたの？　―車の事故です.

　　　　　　（　　　　　　　） il y a ? — Il y a un accident de voiture.

(13) 誰を探しているの？　―母を探してるの.

　　　　　　（　　　　　　　　） cherches-tu ? — Je cherche ma mère.

(14) 何を探しているの？　―本を探してるの.

　　　　　　（　　　　　　　　） cherches-tu ? — Je cherche mon livre.

(15) 何について話しているのですか？　De （　　　　　） parlez-vous ?

(16) あなたの名前は何ですか？　　　（　　　　　　　　） est votre nom ?

(17) 何歳ですか？　―20 歳です.　　（　　　　　） âge avez-vous ? — J'ai vingt ans.

(18) 何時ですか？　―正午です.　　（　　　　　　） heure est-il ? — Il est midi.

(19) どんな天気ですか？　―晴れです.　（　　　　　　） temps fait-il ? — Il fait beau.

Leçon 2

【語彙を増やそう】　　　*単語の上には，発音の目安として一番近い音のカタカナを表記してあります.

単語や語句の情報を集めましょう．次の表を完成させなさい．［参照：p.12-p.15 / 単語集 p.74-p.79］

	語句	品詞	意味		語句	品詞	意味
1	ス プ ロ ム ネ se promen*er*	動詞		19	ソ る ティ ー る　ソ る ティ sortir (sorti)		
2	ス れ ヴェ イ エ se réveill*er*			20	ら ン ト れ　ら ン ト れ rentr*er* (rentré)		
3	ス ラ ヴェ se lav*er*			21	ア リ ヴェ　ア リ ヴェ arriv*er* (arrivé)	動詞	
4	サ プ レ s'appel*er*			22	ネ ー ト る　ネ naître (né)		
5	セ メ s'aim*er*	動詞	愛し合う	23	ム り ー る　モ ー る mourir (mort)		死ぬ
6	ス テ レ フォ ネ se téléphon*er*	動詞	電話し合う	24	プ ら ン ド る　プ り prendre (pris)		
7	ス デ ペ シェ se dépêch*er*			25	フェ ー る　フェ faire (fait)		作る，する
8	サ ソ ワ ー る s'asseoir			26	ア ヴォ ワ ー る　ユ avoir (eu)		
9	ス ク シェ se couch*er*		寝る	27	エ ー ト る　エ テ être (été)		〜である，いる
10	ス ディ ー る se dire	動詞	言い合う	28	ヴォ ワ ー る　ヴュ voir (vu)		
11	ス ル ヴェ se lev*er*	動詞	起きる	29	フィ ニ ー る　フィ ニ fin*ir* (fini)		
12	サ ビ エ s'habill*er*		服を着る	30	ア シュ テ　ア シュ テ achet*er* (acheté)	動詞	買う
13	ア ケ ル ー る à quelle heure			31	り ー る　リュ lire (lu)		
14	ア ロ フ ろ ワ ド à l'eau froide			32	イ スィ ici	副詞	
15	ス ヴァ ン souvent	副詞		33	ト tôt	副詞	
16	ア レ　ア レ aller (allé)			34	キュ イ ズィ ー ヌ cuisine	女性名詞	
17	ヴ ニ ー る　ヴ ニュ venir (venu)			35	ア ン シャ ン テ enchanté(e)	形容詞	
18	ア ン ト れ　ア ン ト れ entr*er* (entré)			36	ア プ ら ン ド る　ア プ り apprendre (appris)	動詞	

注：動詞の原形（過去分詞）

37	ク ー る cours	男性名詞	

【練習問題】　　　［参照：p.12-p.15 / 単語集 p.74-p.79 / 巻末 p.1］

1. 日本語文に合わせてフランス語文を完成させなさい.

   (1) 私たちは毎日散歩します.　　　　　Nous (　　　　　　　　　　　) tous les jours.

   (2) あなたのお名前は何ですか？　　　　Vous (　　　　　　　　　　　) comment ?

   (3) 私の両親はとてもおそく寝ます.　　Mes parents (　　　　　　　　) très tard.

   (4) 私はお湯で手を洗います.　　　　　Je (　　　　　　) les mains à l'eau chaude.

   (5) 急ぎましょう.　　　　　　　　　　Dépêchons-(　　　　　　　　).

   (6) すぐに起きろ！（tu に対して）　　Lève-(　　　　　　　) tout de suite !

[複合過去の復習]

avoir の現在の活用

j'	**ai**	nous	**avons**
tu	**as**	vous	**avez**
il	**a**	ils	**ont**
elle	**a**	elles	**ont**

原形 → 過去分詞

travailler → travaillé, finir → fini, prendre → pris, faire → fait, avoir → eu, lire → lu, voir → vu, être → été, acheter → acheté, choisir → choisi, téléphoner → téléphoné, apprendre → appris, rencontrer → rencontré, décider → décidé, mettre → mis, entendre → entendu, pouvoir → pu

être の現在の活用

je	**suis**	nous	**sommes**
tu	**es**	vous	**êtes**
il	**est**	ils	**sont**
elle	**est**	elles	**sont**

原形 → 過去分詞　（性・数の一致に注意）

aller → allé, partir → parti, descendre → descendu, naître → né, mourir → mort, venir → venu, arriver → arrivé, entrer → entré, rester → resté, sortir → sorti, monter → monté, rentrer → rentré

   (7) ジュリーはまだ駅に着いていません.

                    Julie n'(　　　　　　) pas encore (　　　　　　) à la gare.

   (8) あなたは仕事をもう終えましたか？　Vous (　　　　) déjà (　　　　) le travail ?

   (9) ジュリーはケンと一緒に出かけた.　Julie (　　　　　　　　) avec Ken.

   (10) きみは 9 時の電車に乗ったの？　　Tu (　　　　　) le train de neuf heures ?

   (11) 私の友人たちはアメリカに行った.　Mes amis (　　　　　　　) aux États-Unis.

   (12) 昨日，何をしましたか？　　　　　Qu'est-ce que vous (　　　　　　) hier ?

   (13) ジュリーはパリで生まれました.　　Julie (　　　　　　) à Paris.

2. 次の語句を正しい語順に並べなさい. ［参照：p.12-p.15 / 単語集 p.74-p.79 / 巻末 p.1］

   (1) いいえ，私は彼女たちを知りません.　je　connais　les　pas　Non,　ne

   _____.

   (2) 君はどこでフランス語を学びましたか？　appris　as　Où　français　est-ce que　tu　le

   _____?

【自由にノートを作りましょう】

Leçon 3

【語彙を増やそう】

単語や語句の情報を集めましょう. 次の表を完成させなさい. ［参照：p.16-p.19 / 単語集 p.74-p.79］

	語句	品詞	意味		語句	品詞	意味
1	パルレ parler	動詞（原形）	話す	21	ケルク quelques		
2	フィニール finir	動詞（原形）		22	コンタント content(e)	形容詞	
3	ラントレ rentrer	動詞（原形）		23	ス トるヴェ se trouver	動詞（原形）	いる，ある
4	フェーる faire	動詞（原形）		24	パるミ parmi	前置詞	
5	エートる être	動詞（原形）	〜である，いる	25	デ パ る ト マ ン département	名詞	
6	ス プ ろ ム ネ se promener	動詞（原形）		26	ヴォワザン/ズィーヌ voisin (e)	形容詞	
7	モワ moi	人称代名詞 強勢形		27	ダン ラ ヴィ dans la vie		実生活では，人生において
8	リュイ lui	人称代名詞 強勢形		28	コピーヌ copine	女性名詞	
9	ゥー eux	人称代名詞 強勢形		29	ケ ラージュ？ quel âge ?		
10	ア ビ テ habiter	動詞（原形）	住む	30	ラ プ るミエール フォワ la première fois		
11	ア レ aller			31	ラ ドゥズィエム フォワ la deuxième fois		
12	ド る ミ ー る dormir	動詞（原形）	眠る	32	ヴィズィテ visiter		訪れる， 見学する
13	アジェ âgé(e)	形容詞		33	ラ ネ デるニエール l'année dernière		
14	デ ジ ュ ネ déjeuner			34	サン ドゥート sans doute		
15	ディネ diner	動詞（原形）		35	サ れ テ s'arrêter	動詞（原形）	
16	ス ヴァン souvent	副詞		36	コンセーる concert	名詞	
17	カン quand	接続詞					
18	コ マ ン セ commencer	動詞（原形）					
19	セ テ テ cet été						
20	ト ろ ドゥ trop de (d')						

[直説法半過去の語尾変化]

je	——エ ais	nous	——イヨン ions
tu	——エ ais	vous	——イエ iez
il	——エ ait	ils	——エ aient

【練習問題】　　［参照：p.16-p.19 / 単語集 p.74-p.79 / 巻末 p.3］
日本語文に合わせてフランス語文を完成させなさい.

(1) 私は毎年スキーに行っていた.　　J'(　　　　　　　　　　) faire du ski tous les ans.

(2) 以前ここに教会がありました.　　Avant, il y (　　　　　　　　　) ici une église.

(3) パリにくる前にどこに住んでいましたか？
　　　　　　　　Vous (　　　　　　　　　) où avant de venir à Paris ?

(4) 私たちは毎週末にルーヴル美術館を訪れていました.
　　　　　　　　Nous (　　　　　　　　　) le musée du Louvre tous les week-ends.

(5) ジュリーは学生だったとき，毎朝，朝食を取らなかった.
　　Quand Julie (　　　　　) étudiante, elle ne (　　　　　　　) pas son petit-déjeuner le matin.

(6) 昨日ここで事故がありました. でも私は知りませんでした. ［savoir］
　　　　　　　　Hier, il y a eu un accident ici. Mais je ne (　　　　　　　　　) pas.

(7) あなたは高校生のころに，スポーツをやっていませんでしたか？
　　　　　　　　Quand vous étiez lycéen, vous ne (　　　　　　　　) pas de sport ?

(8) 君が私に電話したとき，私は仕事をしていたんだ.
　　　　　　　　　　　Quand tu m'as téléphoné, je (　　　　　　).

(9) 昨日，とても寒かったけれど，出かけました.
　　　　　　　　Hier, il (　　　　　　　　　) très froid, mais je suis sorti.

(10) ジュリーはいつも彼と出かけます.　Julie sort toujours avec (　　　　　　　　).

(11) エリックは私よりも年上です.　　Éric est plus âgé que (　　　　　　　　).

(12) 今晩，君の家に寄ってもいい？　　Je peux passer chez (　　　　　　) ce soir ?

(13) パリにはたくさんの観光客がいます. ［参照：p.17「さまざまな数量表現」］
　　　　　　　　　　Il y a (　　　　　　　　　) touristes à Paris.

(14) 君はフランス人の友だちが何人いますか？［参照：p.17「さまざまな数量表現」］
　　　　　　　　　　(　　　　　　　　　)amis français as-tu ?

(15) 冷蔵庫のなかにいくつかのオレンジがあります. ［参照：p.17「さまざまな数量表現」］
　　　　　　　　　　Il y a (　　　　　　　　　) oranges dans le frigo.

(16) 今日は十分なお金を持っています. ［参照：p.17「さまざまな数量表現」］
　　　　　　　　Aujourd'hui, j'ai (　　　　　　　　　)argent.

【自由にノートを作りましょう】

Leçon 4

【語彙を増やそう】

単語や語句の情報を集めましょう．次の表を完成させなさい．［参照：p.20-p.23 ／ 単語集 p.74-p.79］

	語句	品詞	意味		語句	品詞	意味
1	chanter（シャンテ）	動詞（原形）	歌う	21	dans une semaine（ダン ズュヌ スメーヌ）		
2	finir（フィニーる）	動詞（原形）		22	après-demain（アプれ ドゥマン）	副詞	
3	partir（パるティーる）			23	voiture（ヴォワテューる）	女性名詞	
4	prendre（プらンドる）			24	cahier（カイエ）	名詞	
5	avoir（アヴォワーる）	動詞（原形）	持つ	25	chaussures（ショスューる）	女性名詞（複）	
6	être（エートる）		～である，いる	26	chemise（シュミーズ）	名詞	
7	venir（ヴニーる）			27	content(e)（コンタント）	形容詞	
8	aller（アレ）	動詞（原形）	行く	28	réputé(e)（れピュテ）	形容詞	有名な
9	faire（フェーる）	動詞（原形）		29	rester（れステ）	動詞（原形）	
10	voir（ヴォワーる）			30	à la fin de(d')（ア ラ ファンドゥ）		
11	pouvoir（プヴォワーる）	動詞（原形）		31	avoir du temps（アヴォワーる デュ タン）		時間がある
12	vouloir（ヴロワーる）			32	moi aussi（モワ オスィ）		
13	falloir（ファロワーる）	動詞（原形）	～しなければならない	33	agence de voyage（アジャンス ドゥ ヴォワイヤージュ）		
14	sac（サック）	男性名詞		34	stagiaire（スタジエーる）	名詞	
15	jupe（ジュップ）	名詞		35	occupé(e)（オキュペ）	形容詞	
16	qu'est-ce que（ケ ス ク）			36	si tu veux（スィ テュ ヴ）		もしよかったら，お望みなら
17	demain（ドゥマン）	副詞					
18	maison（メゾン）	名詞					
19	ce soir（ス ソワーる）						
20	la semaine prochaine（ラ スメーヌ プろシェンヌ）						

［直説法単純未来の語尾変化］

je	——rai（れ）	nous	——rons（ろン）
tu	——ras（ら）	vous	——rez（れ）
il	——ra（ら）	ils	——ront（ろン）

【練習問題】　　［参照：p.20-p.23 / 単語集 p.74-p.79 / 巻末 p.5］

1. 日本語文に合わせてフランス語文を完成させなさい.

(1) 明日は何をするの？　　　　　　　　Qu'est-ce que tu (　　　　　　　) demain ?

(2) 明後日, フランソワは来ないでしょう.　François ne (　　　　) pas après-demain.

(3) ジャンは 2 週間後に 19 歳になります.

　　　　　　　　　　Jean (　　　　　　) dix-neuf ans dans deux semaines.

(4) 明日はいいお天気でしょう.　　　　Il (　　　　　　　) beau demain.

(5) 彼らは 1 週間後にパリに出発します.

　　　　　　　　　　Ils (　　　　　　) pour Paris dans une semaine.

(6) 明日の朝, 家に寄ってくださいね？　Vous (　　　　　) chez moi demain matin ?

(7) いつまでここにいるの？　[rester]　Tu (　　　　　　) ici jusqu'à quand ?

(8) 両親は明日の晩ニースに到着するでしょう.

　　　　　　　　　　Mes parents (　　　　　　) à Nice demain soir.

(9) この 2 冊の本のうち, こっちのものを買うよ.

　　　　　　　　　　De ces deux livres, je prends (　　　　)-ci.

(10) これがぼくのネクタイで, あれがニコラのものだよ.

　　　　　　　　　　Voici ma cravate et voilà (　　　　　) de Nicolas.

(11) 私はあっちのよりこっちの靴の方が好きだわ.

　　　　　　　　　　Je préfère ces chaussures-ci à (　　　　　)-là.

(12) 決める前によく考えなければならない.

　　　　　　　　　　Il faut bien réfléchir (　　　　　　) de décider.

(13) 彼女は 1 ヶ月後に東京に出発します.

　　　　　　　　　　Elle partira pour Tokyo (　　　　　) un mois.

(14) 私は今週末まで京都にいます.　Je resterai à Kyoto (　　　　　) ce week-end.

(15) いつからフランス語を勉強してるの？　(　　　　　) quand apprends-tu le français ?

2. 次の語句を正しい語順に並べなさい. ［参照：p.23「天気・気候の表現」］

(1) 今日はどんな天気ですか？　　　temps　　Quel　　fait-　　aujourd'hui　　il

_____ ?

(2) 雨が降っていて, とても寒いです.　froid　et　Il　pleut　fait　il　très

_____ .

(3) ここでは冬にたくさん雪が降ります. neige　Ici,　il　beaucoup　hiver　en

_____ .

(4) 昨日の朝は曇っていた.　　　　　nuages　avait　y　Il　hier　matin　des

_____ .

13

【自由にノートを作りましょう】

Leçon 5

【語彙を増やそう】

単語や語句の情報を集めましょう．次の表を完成させなさい．［参照：p.24-p.27 / 単語集 p.74-p.79］

	語句	品詞	意味		語句	品詞	意味
1	バるレ parler	動詞（原形）		21	ス ブれパれ se préparer	動詞（原形）	
2	フェーる faire	動詞（原形）		22	マンジェ manger		
3	フィニーる finir	動詞（原形）		23	るヴニーる revenir		
4	ヴニーる venir			24	エコル école	女性名詞	
5	ソるティーる sortir			25	ファティゲ fatigué(e)	形容詞	
6	プらンドる prendre			26	マッチ match	名詞	
7	サヴォワーる savoir	動詞（原形）		27	オン ニ ヴァ アンサンブル on y va ensemble		
8	らンコントれ rencontrer	動詞（原形）		28	アヴェック プれズィーる avec plaisir	喜んで	
9	マラード malade	形容詞		29	アコンパニェ accompagner	動詞（原形）	
10	ドゥピュイ イエーる depuis hier			30	るガるデ regarder	動詞（原形）	
11	プヴォワーる pouvoir	動詞（原形）		31	ヴォワーる voir	動詞（原形）	
12	ド ネ donner		与える	32	スタード stade	名詞	
13	コン タン ト content(e)	形容詞		33	アントる entre	前置詞	
14	ダンセ danser			34	エキップ équipe	女性名詞	チーム
15	ポるテ porter			35	アンテれサント intéressant(e)	形容詞	
16	エメ aimer			36	コ マン comment	疑問副詞	
17	アン るターる en retard	遅れて		37	らントれ rentrer	動詞（原形）	
18	デらンジェ déranger	動詞（原形）		38	ポーヴる pauvre	形容詞	かわいそうな
19	トゥール モンド tout le monde	みんな		39	セ ラ ヴィ c'est la vie		
20	アリヴェ arriver	動詞（原形）		40	ル プるミエ le premier	1日（ついたち）	

16

【練習問題】　　［参照：p.24-p.27 / 単語集 p.74-p.79 / 巻末 p.7］

1. 日本語文に合わせてフランス語文を完成させなさい.

(1) ケンと踊っている女の子は誰ですか？ [danser]

Qui est la fille (　　　　　　　　　　　) avec Ken ?

(2) サンドイッチを食べている男の子は私の従兄弟です. [manger]

Le garçon (　　　　　　　　　　　) un sandwich est mon cousin.

(3) 毎朝，父は食べながら新聞を読みます.

Le matin, mon père lit un journal (　　　　　　　　　).

(4) 私は映画館から出てきたマリーに会いました.

J'ai rencontré Marie (　　　　　　　　) du cinéma.

(5) 私は映画館から出たときにマリーに会いました.

J'ai rencontré Marie (　　　　　　　　) du cinéma.

(6) エリックは日本人の友だちと話しているケンを見ました. [parler]

Éric a vu Ken (　　　　　　　　) avec des amis japonais.

(7) エリックはフランス人の友だちと話しているときにケンを見ました.

Éric a vu Ken (　　　　　　　　) avec des amis français.

(8) 赤い帽子を被っているご婦人はジュリーのお母さんです. [porter]

La dame (　　　　　　　　) un chapeau rouge est la mère de Julie.

(9) タクシーに乗れば，間に合うでしょう. [prendre]

(　　　　　　　　) un taxi, vous arriverez à l'heure.

(10) 彼女はいつも音楽を聞きながら仕事をします. [écouter]

Elle travaille toujours (　　　　　　　　) de la musique.

(11) 彼女は疲れてないの？ ―いや，そうだよ.

Elle n'est pas fatiguée ? — Si, elle (　　　　　　) est.

(12) ペーターが病気なんだって. ―うん，知ってるよ.

Peter est malade. — Oui, je (　　　　　　) sais.

2. 次の語句を正しい語順に並べなさい.

(1) 今日は何日ですか？ combien　aujourd'hui　le　sommes　Nous

_____ ?

(2) 7月1日です. juillet　Nous　le　sommes　premier

_____ .

(3) 彼は君のことを考えながら自転車に乗っている.

pensant　en　Il　du　vélo　fait　toi　à

_____

17

【自由にノートを作りましょう】

Leçon 6

【語彙を増やそう】

単語や語句の情報を集めましょう．次の表を完成させなさい．[参照：p.28-p.31 / 単語集 p.74-p.79]

	語句	品詞	意味		語句	品詞	意味
1	バルティール partir	動詞（原形）		21	ボク— beaucoup	副詞	
2	プヴォワール pouvoir	動詞（原形）		22	セ ヴォとる トゥール c'est votre tour		あなたの番です
3	アヴォワール avoir	動詞（原形）	持つ	23	キュルテュール culture	名詞	
4	シャンジェ changer			24	トらディスィヨネル traditionnel(le)	形容詞	
5	ヴロワール vouloir	動詞（原形）		25	ボワール boire	動詞（原形）	
6	あるジャン argent	男性名詞		26	ヴェール ト vert(e)	形容詞	
7	アンファン enfant	名詞		27	スュール sur	前置詞	～の上に
8	コンタント content(e)	形容詞		28	スロン selon	前置詞	～に従って
9	ク—る cours	名詞		29	れ—グル règle	名詞	
10	アントれ entrer			30	プれスィ ズ précis(e)	形容詞	
11	カフェ café	男性名詞	カフェ，喫茶店	31	サ プ レ s'appeler	動詞（原形）	名前を～という
12	パンセ penser			32	プ れ パ れ préparer	動詞（原形）	
13	ファロワール falloir	動詞（原形）		33	メ ラ ン ジェ mélanger	動詞（原形）	
14	エグザマン examen	男性名詞		34	ロ ショード l'eau chaude		お湯
15	アリヴェ arriver	動詞（原形）		35	ブ ロ ス brosse	名詞	
16	フれール frère	男性名詞		36	スュクる sucre	名詞	
17	スヴァン souvent	副詞	しばしば				
18	ミュ ゼ musée	名詞	美術館				
19	ディマンシュ dimanche	男性名詞	日曜日				
20	アヴニール avenir	名詞					

[条件法現在の語尾変化]

je	——rais	nous	——rions
tu	——rais	vous	——riez
il	——rait	ils	——raient

【練習問題】　［参照：p.28-p.31 / 単語集 p.74-p.79 / 巻末 p.9］

日本語文に合わせてフランス語文を完成させなさい.

(1) もしケンがお金を持っていれば，ケータイを替えるのだけれど. [changer]

　　Si Ken avait de l'argent, il (　　　　　　　　　　　) de portable.

(2) タクシーに乗れば，私たちは時間通りに到着するのだけれど. [arriver]

　　Si nous prenions un taxi, nous (　　　　　　　　　　) à l'heure.

(3) このワンピースを試着したいのですが.（語調緩和）[vouloir]

　　Je (　　　　　　　　) essayer cette robe.

(4) 明日，天気が良ければ，サイクリングをしましょう. [faire]

　　S'il (　　　　　　　　) beau demain, nous (　　　　　　　) du vélo.

(5) 天気が良かったなら，サイクリングをするのだけれど. [faire]

　　S'il (　　　　　　　　) beau, nous (　　　　　　　) du vélo.

(6) もし暇なら，今晩，君と映画に行くのだけれど. [être, aller]

　　Si j'(　　　　　　　) libre, j'(　　　　　　　　) au cinéma avec toi ce soir.

(7) 私を手伝ってくださいますか？（語調緩和）[pouvoir]

　　Vous (　　　　　　　　) m'aider ?

(8) 彼にもう一度会いたいなあ.（語調緩和）[aimer]

　　J'(　　　　　　　　) bien le revoir.

(9) 彼女が疲れていなければ，私の家に来るのだけれど. [être, venir]

　　Si elle n'(　　　　　　) pas fatiguée, elle (　　　　　　　) chez moi.

(10) 将来のことを考えてるの？　―うん，考えてるよ.

　　Tu penses à ton avenir ? — Oui, j'(　　　　　　　) pense.

(11) お金を持っていますか？　―いいえ，もはや持っていません.

　　Vous avez de l'argent ? — Non, je n'(　　　　　　) ai plus.

(12) あなたたちはバカンスのことを話してるの？　―うん，そのことを話してるよ.

　　Vous parlez des vacances ? — Oui, nous (　　　　　　　) parlons.

(13) 君のお父さんはタバコを止めるでしょうか？　　―いいえ，止めないでしょう.

　　Ton père renoncera au tabac ? — Non, il n'(　　　　　　) renoncera pas.

(14) 日本人の友だちはいますか？　― はい，たくさんいます.

　　Vous avez des amis japonais ? — Oui, j'(　　　　　　　) ai beaucoup.

(15) 新しい家に満足していますか？　―はい，とても満足しています.

　　Vous êtes contents de la nouvelle maison ?

　　　　　　　　　　　　　— Oui, nous (　　　　　　　　) sommes très contents.

(16) どうしてケンはパリに行くのですか？　―彼は，そこでジュリーと会うために行くのです.

　　Pourquoi est-ce que Ken va à Paris ? — Il (　　　　　　) va pour revoir Julie.

【自由にノートを作りましょう】

【動詞の活用を覚えよう】

1. 次の動詞の活用表を完成させましょう. ［参照：p.12-p.31 / 巻末 p.1-p.9 / 動詞活用表 p.64-p.73］

se coucher [直説法現在]		意味	寝る	faire [直説法半過去]		意味	作る, する
je	me couche	nous		je		nous	
	te couches			tu	faisais	vous	
il		ils	se couchent	il		ils	faisaient
elle	se couche	elles		elle	faisait	elles	

avoir [直説法半過去]		意味		être [直説法半過去]		意味	
j'		nous			étais	nous	étions
tu	avais	vous	aviez	tu		vous	
il	avait	ils	avaient	il		ils	
Julie		elles		elle	était	elles	étaient

aller [直説法半過去]		意味		être [直説法単純未来]		意味	
	allais	nous		je	serai	nous	serons
tu		vous	alliez	tu		vous	
Ken		ils		il	sera	ils	seront
Julie	allait	elles	allaient	Julie		elles	

aller [直説法単純未来]		意味		être [条件法現在]		意味	である, いる
j'		nous	irons	je		nous	serions
tu	iras	vous		tu		vous	
il	ira	ils		il	serait	ils	
Julie		elles	iront	elle		elles	seraient

aller [条件法現在]		意味		prendre [直説法単純未来]		意味	
j'		nous	irions	je		nous	prendrons
tu	irais	vous		tu		vous	
il	irait	ils		il	prendra	ils	
Julie		elles	iraient	elle		elles	prendront

vouloir [条件法現在]		意味		pouvoir [条件法現在]		意味	
je		nous	voudrions	je	pourrais	nous	pourrions
tu	voudrais	vous		tu		vous	
Ken		ils	voudraient	Éric		ils	pourraient
Julie	voudrait	elles		elle	pourrait	elles	pourraient

【Leçon 2 - Leçon 6 の復習問題】

日本語文に合わせてフランス語文を完成させなさい. [参照：p.12-p.31]

(1) あなたは何時に寝ますか？

Vous (　　　　　　　　　　　　　　) à quelle heure ？　　[代名動詞 se coucher]

(2) すぐに起きてください. (　　　　　　　　　)-vous tout de suite ！　[代名動詞・命令形 se lever]

(3) 宿題，終わった？　Tu (　　　　　　　　　　　　) tes devoirs ？　[複合過去 finir]

(4) ジュリーは日本に出発しました.

Julie (　　　　　　　　　　　　) pour le Japon.　　　　[複合過去 partir]

(5) ポールは彼女のことを知らない. Paul ne (　　　　　　) connaît pas. [直接目的語代名詞]

(6) 彼女はフランスに来る前に京都に住んでいました.

Elle (　　　　　) à Kyoto avant de venir en France.　[半過去 habiter]

(7) ニコラは彼より背が高い.

Nicolas est plus grand que (　　　　　). [人称代名詞強勢形]

(8) 私たちは今晩，彼らの家で夕食を食べます.

Nous dînons chez (　　　　　) ce soir. [人称代名詞強勢形]

(9) ジュリーは日本にたくさん友だちがいます.

Julie a (　　　　　　　　　) d'amis au Japon.　　　　[数量表現]

(10) 明日，カラオケで歌うわよ！ Demain, je (　　　　　　　) au Karaoké ！ [単純未来 chanter]

(11) 今晩，うちに寄ってね. Tu (　　　　　　　　) chez moi ce soir. [単純未来 passer]

(12) これが私のバッグで，あれがサラのものよ.

Voici mon sac et voilà (　　　　　　　　　) de Sarah.　　[指示代名詞]

(13) 明日までパリにいます. Je resterai à Paris (　　　　　　) demain.　　[時の前置詞]

(14) 私は学校から戻ってくるマリーに会いました.

J'ai rencontré Marie (　　　　　　　　　) de l'école. [現在分詞 revenir]

(15) 私は学校から戻ってくるときに，マリーに会いました.

J'ai rencontré Marie (　　　　　　　　　　) de l'école. [ジェロンディフ revenir]

(16) そのこと，知らなかったよ. 　Je ne (　　　　　　) savais pas.　　　　[中性代名詞]

(17) お金持ちなら，世界一周するのだけれど.

Si j'étais riche, je (　　　　　　　　　　) le tour du monde. [条件法現在 faire]

(18) このコートを試着したいのですが.

Je (　　　　　　　　　) essayer ce manteau. [条件法現在 vouloir]

(19) 兄弟は何人いますか？ ―ふたりです.

Combien de frères avez-vous ？ — J'(　　　　　　) ai deux.　[副詞的代名詞]

(20) フランスにはいつ行きますか？ ―1週間後にそこに行きます.

Quand est-ce que vous allez en France ？ — J'(　　　) vais dans une semaine.

[副詞的代名詞]

Leçon 7

【語彙を増やそう】

単語や語句の情報を集めましょう. 次の表を完成させなさい. ［参照：p.38-p.41 / 単語集 p.74-p.79］

	語句	品詞	意味		語句	品詞	意味
1	アンヴィテ inviter	動詞（原形）		22	タース tasse	名詞	
2	アプれスィエ apprécier		尊敬する	23	ボン ナニヴェるセーる bon anniversaire		
3	らンコントれ rencontrer			24	スル seul(e)	形容詞	1人で，1人
4	アヴォワーる マ ラ avoir mal à		～が痛い	25	ヴニーる venir	動詞（原形）	
5	テット tête	名詞		26	プヴォワーる pouvoir	動詞（原形）	
6	ダン dents	女性名詞(複)		27	セ ド マージュ c'est dommage		それは残念だ
7	ヴァーントる ventre	男性名詞	おなか	28	セ ボン c'est bon		
8	ピ エ pied	男性名詞		29	プラ plat	名詞	皿，料理
9	アヴォワーる ブゾワン ドゥ avoir besoin de (d')			30	コッ コ ヴァン coq au vin	男性名詞	
10	エード aide	名詞		31	ヴァン vin	名詞	
11	アヴォワーる アンヴィ ドゥ avoir envie de (d')			32	カ ドー cadeau	名詞	
12	るトゥるネ retourner	動詞（原形）		33	プール pour	前置詞	～のために
13	アヴォワーる プール ドゥ avoir peur de (d')			34	セ ジャンティ c'est gentil		どうもご親切に
14	シヤン chien	名詞		35	ケ ス ク セ qu'est-ce que c'est		
15	ヴォワザン／ズィーヌ voisin(e)	名詞		36	ジョリ joli(e)	形容詞	
16	ディネ dîner	動詞（原形）		37	コネートる connaître	動詞（原形）	
17	シャントゥーる chanteur	男性名詞		38	エレーヴ élève	名詞	
18	コれ アン／エンヌ coréen (ne)	形容詞		39	ろ マン ポリスィエ roman policier	男性名詞	推理小説
19	トゥー ル モンド tout le monde		みんな	40	サック sac	名詞	
20	タント tante	名詞	おば	41	アトゥリエ atelier	名詞	
21	ファブリケ fabriquer	動詞（原形）	作る，創造する	42	アプらンドる apprendre	動詞（原形）	学ぶ

【練習問題】　　［参照：p.38-p.41 / 単語集 p.74-p.79 / 巻末 p.11］

1. 日本語文に合わせてフランス語文を完成させなさい.

(1) ジュリーはエリックに夕食に招待される.　Julie (　　　　　　　　) à dîner par Éric.

(2) このカフェはみんなから評価されています.

　　　　　　　　　　　　　　　Ce café (　　　　　　　　　) de tout le monde.

(3) これらのスカートはフランスで作られている（フランス製である）.

　　　　　　　　　　　　　　　Ces jupes (　　　　　　　　　) en France.

(4) 私のおばは，生徒たちから好かれている.

　　　　　　　　　　　　　　　Ma tante (　　　　　　　　　) de ses élèves.

(5) どこが痛いの？　　Où as-tu (　　　　　　　) ?

(6) お腹が痛い.　　J'ai mal (　　　　　　　) ventre.

(7) 学生たちは辞書が必要です.　Les étudiants ont (　　　　　) du dictionnaire.

(8) 私たちはモン・サン・ミッシェルに行きたいです.

　　　　　　　　　　　Nous avons (　　　　　　) d'aller au Mont-Saint-Michel.

(9) 昨日，学校でマリーに会ったのは私です.

　　　　　　　　　　　　　　C'est moi (　　　　　　) ai vu Marie à l'école hier.

(10) 昨日，私が学校で会ったのはマリーです.

　　　　　　　　　　　　　　C'est Marie (　　　　　　) j'ai vue à l'école hier.

(11) 昨日，私がマリーに会ったのは学校です.

　　　　　　　　　　　　　　C'est à l'école (　　　　　　) j'ai vu Marie hier.

2. 次の語句を正しい語順に並べなさい.

(1) 今，何時ですか？　　Quelle　est　heure　maintenant　-il

　　　　　　　　　　　　　　　　　　　　　　　　　　　　　　　　　　　　?

(2) 4 時 30 分です　　quatre　heures　Il　demie　et　est

　　　　　　　　　　　　　　　　　　　　　　　　　　　　　　　　　　　　.

(3) 1 時 45 分（= 2 時 15 分前）です.

　　　　　heures　le　moins　deux　Il　quart　est

　　　　　　　　　　　　　　　　　　　　　　　　　　　　　　　　　　　　.

(4) 彼女が日本語を学んだのは大学です.

　　　　à l'université　elle　qu'　C'est　a　le japonais　appris

　　　　　　　　　　　　　　　　　　　　　　　　　　　　　　　　　　　　.

(5) 昨日，ジュリーにこれらの花を贈ったのはケンです.

　　　　Ken　C'est　ces fleurs　qui　hier　a offert　Julie　à

　　　　　　　　　　　　　　　　　　　　　　　　　　　　　　　　　　　　.

【自由にノートを作りましょう】

Leçon 8

【語彙を増やそう】

単語や語句の情報を集めましょう．次の表を完成させなさい．［参照：p.42-p.45 / 単語集 p.74-p.79］

	語句	品詞	意味		語句	品詞	意味	
1	スルヴェ se lev*er*	動詞（原形）	起きる	22	ドゥー　ドゥース doux / douce	形容詞		
2	スラヴェ se lav*er*			23	ヴィユー　ヴィエイユ　ヴィエイユ vieux / vieil / vieille	形容詞	古い，年老いた	
3	スプロムネ se promen*er*	動詞（原形）		24	ヌーヴォー/nouvel/ヌーヴェル nouveau/nouvel/nouvelle	形容詞	新しい	
4	スマリエ se mari*er*			25	アロ allô	間投詞		
5	ステレフォネ se téléphon*er*	動詞（原形）	電話し合う	26	サミュゼ s'amus*er*	動詞（原形）	楽しむ	
6	スデペシェ se dépêch*er*	動詞（原形）		27	スレウニール se réun*ir*		集まる	
7	グランド grand(e)	形容詞		28	ヴォワイヤージュ voyage	男性名詞		
8	プティ ト petit(e)	形容詞		29	ディール dire	動詞（原形）	言う	
9	ボンヌ bon(ne)	形容詞		30	フェール faire			
10	モ ヴェーズ mauvais(e)	形容詞		31	アヴァン avant	前置詞		
11	ジュンヌ jeune	形容詞	若い	32	セ ヴれ c'est vrai		本当である	
12	ジョリ joli(e)	形容詞		33	ウ où	疑問副詞	どこ	
13	ボー ベル ベル beau/bel/belle	形容詞	美しい	34	ヴロワール vouloir			
14	グロ ス gros(se)	形容詞	大きな，太った	35	エスト est	男性名詞		
15	コンタント content(e)	形容詞		36	カテドラル cathédrale	名詞		
16	エトランジェ　エトランジェール étranger/étrangère	形容詞		37	セレーブる célèbre	形容詞		
17	ウ ー ウ ーズ heureux/heureuse	形容詞		38	パトリモワンヌ patrimoine	名詞		
18	アクティフ　アクティヴ actif / active	形容詞		39	モンディヤル mondial(e)	形容詞	世界の	
19	パリズィヤン　パリズィエンヌ parisien/parisienne	形容詞		40	ダ コール d'accord		同意した，OK	
20	ロン ロング long / longue	形容詞		41	スマキエ se maquill*er*	動詞（原形）		
21	ブラン　ブランシュ blanc / blanche	形容詞	白い	42	プロシャン　プロシェンヌ prochain/prochaine	形容詞		

【練習問題】　　［参照：p.42-p.45 / 単語集 p.74-p.79 / 巻末 p.13］

1. 日本語文に合わせてフランス語文を完成させなさい.

(1) ポールとマリーは<u>去年</u>結婚しました.

Paul et Marie (　　　　　　　　　　　　　　　　) l'année dernière. [代名動詞 se marier]

(2) 私たちは急いで<u>出発しました</u>.

Nous (　　　　　　　　　　　　) de partir.　　　　　　[代名動詞 se dépêcher]

(3) <u>昨日の午後</u>, セーヌの岸を散歩したの？

Tu (　　　　　　　　) au bord de la Seine hier après-midi ? [代名動詞 se promener]

(4) 昨日の晩, あなたがたはジュリーの家で楽しかったですか？

Vous (　　　　　　　　　　) chez Julie hier soir ?　　　[代名動詞 s'amuser]

(5) レアは夕食の前に手を洗いました.

Léa (　　　　　　　　　　　　) les mains avant le dîner.　　[代名動詞 se laver]

(6) 彼女は小さい外国製の車を持っています.

Elle a une (　　　　　　　　　) voiture (　　　　　　　). [形容詞 petit / étranger]

(7) これは, パリのおいしいクレープ屋さんです.

C'est une (　　　　　　　　　) crêperie (　　　　　　　). [形容詞 bon / parisien]

(8) あの白い立派な家が見えますか？

Vous voyez la (　　　　　　　) maison (　　　　　　　).　[形容詞 beau / blanc]

(9) ジュリーは新しいロングドレスを着ています.

Julie porte une (　　　　　　　　) robe (　　　　　　　). [形容詞 nouveau / long]

(10) 彼女たちはフランス人ではありません. 彼女たちはイタリア人です.

Elles ne sont pas (　　　　　　　). Elles sont (　　　　　　). [形容詞 français / italien]

2. 下線部に間違いがあれば正しい語句を, 間違いがなければ○を（　　　）のなかに記入しなさい.

(1) あのハンサムな男の人は誰ですか？

Qui est ce <u>beau</u> homme ?　　　　　（　　　　　　　　）

(2) 彼女たちは幸せです.　Elles sont <u>heureux</u>.　　　　　（　　　　　　　　）

(3) あなたは優しい声で話しますね.

Vous parlez à voix <u>douce</u>.　　　　　（　　　　　　　　）

(4) 去年, パリを訪れました.　J'ai visité Paris l'année <u>dernière</u>. （　　　　　　　）

【自由にノートを作りましょう】

Leçon 9

【語彙を増やそう】

単語や語句の情報を集めましょう．次の表を完成させなさい．［参照：p.46-p.49／単語集 p.74-p.79］

	語句	品詞	意味		語句	品詞	意味
1	プリュ ク plus〜que...	…より〜な（に）		22	マ ガ ザン magasin	名詞	
2	オ スィ ク aussi〜que...	…と同じくらい〜な（に）		23	マン トー manteau	名詞	
3	モ ワン ク moins〜que...	…ほど〜ない（なく）		24	エクストらオるディネーる extraordinaire	形容詞	
4	コ レ ーグ collègue	名詞		25	ベ ル ボー belle（原形beau）	形容詞	美しい
5	クーりーる courir	動詞（原形）		26	オ ート haut(e)	形容詞	
6	ヴィット vite	副詞		27	セ ル celle	指示代名詞 （女性単数）	それ
7	メ イ ユーる meilleur(e)	形容詞	よりよい	28	プれフェれ préférer		
8	ミ ュー mieux	副詞	よりよく	29	クろワーる croire	動詞（原形）	
9	ヴァン vin	男性名詞	ワイン	30	ビヤン スューる bien sûr		
10	エミスィヨン émission			31	ア ラ ファン ドゥ à la fin de 〜		
11	ス メ ー ヌ semaine			32	ディズ ヌ ヴィ エム dix-neuvième	序数詞	19番目の
12	シャンテ chanter			33	セ タン テ れ サン c'est intéressant		それは面白い
13	オ タン autant	副詞	同じくらい	34	セ デ リ スィユー c'est délicieux		おいしいです
14	あるジャン argent	名詞		35	ヌ ーヴェル nouvelle	女性名詞	知らせ
15	ジュー ヴィデオ jeux video	男性名詞（複）	テレビゲーム	36	セ スュペーる c'est super		それはすごい
16	デ サン dessin						
17	ビエーる bière	名詞					
18	エ コル école	女性名詞					
19	マンジェ manger						
20	ブ ティ ユ bouteille	女性名詞					
21	タンブる timbre	男性名詞					

[否定表現]

ヌ ne (n') 〜	プリュ plus	もう〜ない
ヌ ne (n') 〜	ぺるソンヌ personne	誰も〜ない
ヌ ne (n') 〜	りヤン rien	何も〜ない
ヌ ne (n') 〜	ジャメ jamais	決して〜ない
ヌ ne (n') 〜	ク que (qu')	…しか〜ない

【練習問題】　　［参照：p.46-p.49 / 単語集 p.74-p.79 / 巻末 p.15］

1. 日本語文に合わせてフランス語文を完成させなさい.

(1) 彼女たちは私よりデッサンが得意です.
Elles sont (　　　　　　　　　　　　) que moi en dessin.　　　[bon の優等比較級]

(2) マリーはアンヌよりはやく走る.
Marie court (　　　　　　　　　　　) qu'Anne.　　　　　　[vite の優等比較級]

(3) ケンはエリックより年下です. Ken est (　　　　　　　　　) qu'Éric.　[âgé の劣等比較級]

(4) ジュリーはケンよりうまく歌う.
Julie chante (　　　　　　　　　) que Ken.　　　　　　[bien の優等比較級]

(5) このワインはフランスで一番おいしい.
Ce vin est (　　　　　　　　　) de France.　　　　　　[bon の優等最上級]

(6) ニコラは家族で起きるのが一番遅い.
Nicolas se lève (　　　　　　　) de sa famille.　　　　[tôt の劣等最上級]

(7) 私は四季のなかで冬が一番好きです.
J'aime (　　　　　　　　) l'hiver des quatre saisons.　　　[bien の優等最上級]

(8) 彼女は君より多くの猫を飼ってるよ.
Elle a (　　　　　　　) chats que toi.　　　　　　[beaucoup de の優等比較級]

(9) レアは書き取りで私と同じくらい間違いをします.
Léa fait (　　　　　　　) fautes que moi à la dictée.　[beaucoup de の同等比較級]

(10) エリックは私たちのなかで一番たくさんのお金を持っています.
Éric a (　　　　　　　)argent de nous.　　　　　[beaucoup de の優等最上級]

(11) もう瓶のなかにワインはありません.　Il n'y a (　　　　　　　) de vin dans la bouteille.

(12) 難しいことは何もない.　　　　　　　(　　　　　　　　　) n'est difficile.

(13) 彼らは決して肉を食べない.　　Ils ne mangent (　　　　　　　) de viande.

(14) 彼らは肉しか食べない.　　　　Ils ne mangent (　　　　　　　) de la viande.

2. 次の語句を正しい語順に並べなさい.

(1) ジュリーは君と同じくらい本を持っているよ.
a　　livres　　autant de　　toi　　que　　Julie

_____ .

(2) パリでは春が一番いい季節です.
est　　la　　saison　　meilleure　　Le printemps　　à Paris

_____ .

(3) 居間には誰もいません.　　dans　　Il　　salon　　a　　n'y　　le　　personne

_____ .

【自由にノートを作りましょう】

Leçon 10

【フランス語検定4級受験のために復習しましょう】

［名詞の前につける限定詞］

不定冠詞

	単数	複数
男性	**un**	**des**
女性	**une**	

定冠詞

	単数	複数
男性	**le (l')**	**les**
女性	**la (l')**	

部分冠詞

男性	**du (de l')**
女性	**de la (de l')**

否定の冠詞：de (d')

所有形容詞

主語	所有形容詞			英語
	後ろに単数の男性名詞がくる場合	後ろに単数の女性名詞がくる場合	後ろに複数名詞がくる場合	
je	**mon**	**ma**	**mes**	my
tu	**ton**	**ta**	**tes**	your
il / elle	**son**	**sa**	**ses**	his / her
nous	**notre**		**nos**	our
vous	**votre**		**vos**	your
ils / elles	**leur**		**leurs**	their

指示形容詞 「この，その，あの」

男性単数	女性単数	複数
ce (cet)	**cette**	**ces**

前置詞 à と定冠詞　　前置詞 de と定冠詞
à+le ⇒ **au**　　　de + le ⇒ **du**　　　　国名によって変わる場所を示す前置詞
à+la = **à la**　　de + la = **de la**　　au +男性単数名詞の国　　du +男性単数名詞の国
à+l' = **à l'**　　de + l' = **de l'**　　en +女性単数名詞の国　　de (d') +女性単数名詞の国
à+les ⇒ **aux**　　de + les ⇒ **des**　　aux +複数名詞の国　　　des +複数名詞の国

［時を表す前置詞(句)］：à（〜に），vers（〜頃に），dans（〜後に），il y a（〜前に），
jusqu'à（〜まで），depuis（〜から），à partir de（〜から），
avant（〜前に），après（〜後に）

［場所を表す前置詞(句)］：à（〜で／に），sur（〜の上に），sous（〜の下に），dans（〜
の中に），devant（〜の前に），derrière（〜の後ろに），chez（〜
さんの家で／に），près de (d')（〜の近くで／に）

[いろいろな疑問詞]

疑問副詞

quand	いつ
où	どこ
d'où	どこから
comment	どのように
combien	いくつ, いくら
combien de (d')＋無冠詞名詞 ～	～をいくつ
pourquoi	なぜ
parce que (qu')	なぜなら

疑問代名詞

qui / qui est-ce qui	誰が
qu'est-ce qui	何が
qui / qui est-ce que (qu')	誰を
que (qu') / qu'est-ce que (qu')	何を
前置詞＋qui	誰＋前置詞
前置詞＋quoi	何＋前置詞

疑問形容詞

quel	どの／どんな
quelle	何／誰／どれ
quels	
quelles	

[肯定と否定の応答]

肯定疑問文に対する応答：Oui / Non

Tu es étudiant ? — Oui, je suis étudiant.

Est-ce qu'il est médecin ? — Non, il n'est pas médecin.

否定疑問文に対する肯定の応答：Si / Non

Tu ne manges pas ? — Si, je mange.

— Non, je ne mange pas.

[語順の目安]

1. 主語 － (ne) － 動詞 － (pas) － 属詞 （＝形容詞，国籍，職業など）
2. 主語 － (ne) － 動詞 － (pas) － 目的語
3. 主語 － (ne) － 動詞 － (pas) － 前置詞 － 名詞
4. 名詞グループ：限定詞 （冠詞など） － 前置の形容詞 － 名詞 － 後置の形容詞

[数詞]

0 ゼロ zéro	1 アン ユヌ un / une	2 ドゥ deux	3 トロワ trois	4 キャトる quatre	5 サンク cinq	6 スィス six	7 セット sept	8 ユイット huit	9 ヌフ neuf
10 ディス dix	11 オーンズ onze	12 ドゥーズ douze	13 トレーズ treize	14 キャトーるズ quatorze	15 キャーンズ quinze	16 セーズ seize	17 ディ セット dix-sept	18 ディ ズュイット dix-huit	19 ディズ ヌフ dix-neuf
20 ヴァン vingt	21 ヴァン テ アン ユヌ vingt et un (une)	22 ヴァント ドゥ vingt-deux	30 トろントゥ trente	31 トらン テ アン ユヌ trente et un (une)	32 トろントゥ ドゥ trente-deux				
40 キャらントゥ quarante	41 キャらン テ アン ユヌ quarante et un (une)	42 キャらントゥ ドゥ quarante-deux	50 サンカントゥ cinquante	51 サン カン テ アン ユヌ cinquante et un (une)	52 サンカントゥ ドゥ cinquante-deux				
60 ソワサントゥ soixante	61 ソワサン テ アン ユヌ soixante et un (une)	62 ソワサントゥ ドゥ soixante-deux	70 ソワサントゥ ディス soixante-dix	71 ソワサン テ オーンズ soixante et onze	72 ソワサントゥ ドゥーズ soixante-douze				
80 キャトる ヴァン quatre-vingts	81 キャトる ヴァン アン ユヌ quatre-vingt-un (une)	82 キャトる ヴァンドゥ quatre-vingt-deux	90 キャトる ヴァン ディス quatre-vingt-dix	91 キャトる ヴァン オーンズ quatre-vingt-onze	92 キャトる ヴァン ドゥーズ quatre-vingt-douze				
98 キャトる ヴァン ディ ズュイット quatre-vingt-dix-huit	99 キャトる ヴァン ディズ ヌフ quatre-vingt-dix-neuf	100 サン cent							

【自由にノートを作りましょう】

【語彙を増やそう】

単語や語句の情報を集めましょう．次の表を完成させなさい．

[参照：p.54-p.55 / p.58-p.59 / 単語集 p.74-p.79]

	語句	品詞	意味		語句	品詞	意味
1	homme	名詞		22	être	動詞(原形)	
2	fin	女性名詞	終わり，結末	23	avoir	動詞(原形)	
3	heureux/heureuse	形容詞		24	vouloir	動詞(原形)	
4	ville	名詞		25	falloir	動詞(原形)	
5	naître	動詞(原形)		26	patience	名詞	
6	oublier	動詞(原形)		27	rester	動詞(原形)	とどまる
7	jour	男性名詞		28	lit	名詞	
8	rencontrer	動詞(原形)		29	médicament	名詞	
9	prendre	動詞(原形)		30	efficace	形容詞	効果のある
10	aller		行く	31	fatigué(e)	形容詞	
11	revenir	動詞(原形)		32	continuer	動詞(原形)	続ける
12	portefeuille	名詞		33	agence de voyages	女性名詞	旅行代理店
13	fils	男性名詞		34	désolé(e)	形容詞	申し訳ない
14	fier / fière	形容詞	〜が自慢である	35	en retard		遅れて
15	dame	名詞	女性，婦人	36	effort	男性名詞	努力
16	porter	動詞(原形)		37	œuvre	名詞	
17	chapeau	名詞		38	succès	名詞	
18	avocat(e)	名詞	弁護士				
19	château	名詞					
20	visiter	動詞(原形)					
21	arriver	動詞(原形)					

[接続法現在の語尾変化] être と avoir は例外

je	——e	nous	——ions
tu	——es	vous	——iez
il	——e	ils	——ent

【練習問題】　　［参照：p.54-p.55/p.58-p.59/ 単語集 p.74-p.79］

日本語文に合わせてフランス語文を完成させなさい.

(1) 私はパリ行きの飛行機に乗ります.

　　　　　　　　　　　　　　Je vais prendre l'avion (　　　　　　　) va à Paris.

(2) 彼女はパリで買ったコートをいつも着ている.

　　　Elle porte toujours le manteau (　　　　　　　) elle a acheté à Paris.

(3) これは話題の小説です.　　C'est le roman (　　　　　　　) on parle beaucoup.

(4) ここがジュリーと出会ったカフェです.

　　　　　　　　　　　　C'est le café (　　　　　　　) j'ai rencontré Julie.

(5) 白いコートを着ているご婦人は君のお母さんですか？

　　　La dame (　　　　　　　) porte un manteau blanc est ta mère ?

(6) これが私たちがとても気に入っている家です.

　　　　　　　　　　　　Voici la maison (　　　　　　　) nous plaît beaucoup.

(7) これが私の父が建てた家です.

　　　　　　　　　　　　Voici la maison (　　　　　　　) mon père a construite.

(8) これが彼の自慢の家です.　　Voici la maison (　　　　　　　) il est fier.

(9) これは私が生れた家です.　　C'est la maison (　　　　　　　) je suis né.

(10) 君はジュリーが家に来てほしいかい？

　　　Tu <u>veux que</u> Julie (　　　　　　　) chez toi ?　　　　[接続法現在 venir]

(11) すぐにこの仕事を終わらせなければならない.

　　　<u>Il faut que</u> je (　　　　　　　) ce travail tout de suite.　　[接続法現在 finir]

(12) ストラスブールではいつもジュリーが一緒にいるので，ケンはうれしい.

　　　Ken <u>est heureux que</u> Julie (　　　　　　　) toujours avec lui à Strasbourg.

　　　　　　　　　　　　　　　　　　　　　　　　　　　　[接続法現在 être]

(13) 定刻に着くように私の車を貸しましょう.

　　　Je vais vous prêter ma voiture <u>pour que</u> vous (　　　　　　　) à l'heure.

　　　　　　　　　　　　　　　　　　　　　　　　　　　　[接続法現在 arriver]

(14) 彼はとてもお腹がすいているにもかかわらず，何も食べない.

　　　<u>Bien qu'il</u> (　　　　　　　) très faim, il ne mange rien.　　[接続法現在 avoir]

(15) 君のお母さんは，君がひとりで家に帰ることを望んでいるよ.

　　　Ta mère <u>veut que</u> tu (　　　　　　　) tout seul à la maison.

　　　　　　　　　　　　　　　　　　　　　　　　　　　　[接続法現在 rentrer]

【自由にノートを作りましょう】

文法補遺

【語彙を増やそう】

単語や語句の情報を集めましょう．次の表を完成させなさい．［参照：p.62-p.63 / 単語集 p.74-p.79］

	語句	品詞	意味		語句	品詞	意味
1	アシュテ acheter	動詞(原形)		18	マ ン ケ manquer	動詞(原形)	足りない
2	パるティーる partir	動詞(原形)		19	ポワーヴる poivre	名詞	コショウ
3	ド ネ donner	動詞(原形)	与える	20	ソース sauce	名詞	
4	サック sac	名詞		21	れステ rester	動詞(原形)	とどまる，残る
5	アりヴェ arriver	動詞(原形)		22	ボ ク ドゥ ショーズ beaucoup de choses		たくさんのこと
6	ガーる gare	名詞		23	フィニーる finir	動詞(原形)	
7	ディフィスィル difficile	形容詞		24	クーる cours	名詞	
8	ソリュスィヨン solution	名詞		25	アヴァン avant	前置詞	前に
9	プ ろ ブ レ ム problème	名詞		26	ラ ネ デルニエーる l'année dernière		去年
10	アンポるタント important(e)	形容詞	重要な	27	トゥール モンド tout le monde		
11	パるタジェ partager	動詞(原形)		28	モントる montre	名詞	
12	イ デ idée	女性名詞		29	オフりーる offrir	動詞(原形)	贈る
13	ポスィーブル possible	形容詞	可能な	30	アニヴェるセーる anniversaire	名詞	
14	ネジェ neiger	動詞(原形)		31	る ー ト route	名詞	
15	ヴァロワーる valoir	動詞(原形)	価値がある	32	プらンドる prendre	動詞(原形)	
16	トゥー ドゥ スュイット tout de suite		すぐに	33	ス ク シェ se coucher	動詞(原形)	寝る
17	ファロワーる falloir	動詞(原形)		34	ミ ニュイ minuit	男性名詞	

［直説法大過去］ avoir / être の半過去＋過去分詞

avoir の半過去の活用

j'	**avais**	nous	**avions**
tu	**avais**	vous	**aviez**
il	**avait**	ils	**avaient**
elle	**avait**	elles	**avaient**

原形 → 過去分詞

travailler → travaillé, finir → fini, prendre → pris, faire → fait, avoir → eu, lire → lu, voir → vu, être → été, acheter → acheté, choisir → choisi, téléphoner → téléphoné, apprendre → appris, rencontrer → rencontré décider → décidé, mettre → mis, entendre → entendu, pouvoir → pu

être の半過去の活用

j'	étais	nous	étions
tu	étais	vous	étiez
il	était	ils	étaient
elle	était	elles	étaient

原形 → 過去分詞　（性・数の一致に注意）

aller → allé, partir → parti, descendre → descendu, naître → né, mourir → mort, venir → venu, arriver → arrivé, entrer → entré, rester → resté, sortir → sorti, monter → monté, rentrer → rentré

【練習問題】日本語文に合わせてフランス語文を完成させなさい.

［参照：p.62-p.63 / 単語集 p.74-p.79］

(1) ケンは私に昨日買った本を見せました.

　　Ken m'a montré le livre qu'il (　　　　　　　　　　) hier.　[直説法大過去 acheter]

(2) 私たちが空港に着いたときには，彼の飛行機は出発していました.

　　Quand nous sommes arrivés à l'aéroport, son avion (　　　　　　　　　　).

　　　　　　　　　　　　　　　　　　　　　　　　　　　　　　[直説法大過去 partir]

(3) 私はジュリーが昨日作ったケーキをすっかり食べてしまった.

　　J'ai fini le gâteau que Julie (　　　　　　　　　　) hier.　[直説法大過去 faire]

[直説法前未来] avoir / être の単純未来＋過去分詞

avoir の単純未来の活用

j'	aurai	nous	aurons
tu	auras	vous	aurez
il	aura	ils	auront
elle	aura	elles	auront

原形 → 過去分詞

travailler → travaillé, finir → fini, prendre → pris, faire → fait, avoir → eu, lire → lu, voir → vu, être → été, acheter → acheté, choisir → choisi, téléphoner → téléphoné, apprendre → appris, rencontrer → rencontré, décider → décidé, mettre → mis, entendre → entendu, pouvoir → pu

être の単純未来の活用

je	serai	nous	serons
tu	seras	vous	serez
il	sera	ils	seront
elle	sera	elles	seront

原形 → 過去分詞　（性・数の一致に注意）

aller → allé, partir → parti, descendre → descendu, naître → né, mourir → mort, venir → venu, arriver → arrivé, entrer → entré, rester → resté, sortir → sorti, monter → monté, rentrer → rentré

【練習問題】日本語文に合わせてフランス語文を完成させなさい.

［参照：p.62-p.63 / 単語集 p.74-p.79］

(1) 彼女が到着したらすぐに夕食を始めましょう.

　　Dès qu'elle (　　　　　　　　　), on commencera à dîner.　[直説法前未来 arriver]

(2) その仕事が終わったら，私に電話してね.

　　Quand tu (　　　　　　　　　) ce travail, tu me téléphoneras.　[直説法前未来 finir]

(3) ジュリーは正午までに帰るでしょう.

　　Julie (　　　　　　　　　) avant midi.　　　　　　　　　[直説法前未来 rentrer]

【自由にノートを作りましょう】

【自由にノートを作りましょう】

S)

Sacré-Cœur

MONTMARTRE

Gare du Nord

La Villette

Gare de l'Est

Parc des
Buttes-Chaumont

Canal St-Martin

usée du
ouvre

Place de la République

Forum
des Halles

Centre
Georges Pompidou

Cimetière du
Père-Lachaise

Notre-Dame

Ile de la Cité

QUARTIER
DU MARAIS

n-des-Prés

Bd. St-Germain

Ile St-Louis

Bd. Henri IV

Sorbonne

Opéra
Bastille

Place de la Nation

Bd. Diderot

ourg

Institut du
Monde Arabe

Gare de Lyon

Panthéon

Jardin des Plantes

QUARTIER LATIN

Ministère des Finances

du Montparnasse

Gare
d'Austerlitz

Palais Omnisport
de Paris-Bercy

SE

Place d'Italie

Bois de Vincennes

Bibliothèque Nationale

Parc Montsouris

Seine

rsitaire

Nouveau Ken et Julie 2

Takahide Tahara
Shizue Oba
Jun-ichi Sato
Atsuko Tsukakoshi

Surugadai-shuppansha

音声について

本書の音声は，下記サイトより無料でダウンロード，
およびストリーミングでお聴きいただけます．

https://stream.e-surugadai.com/books/isbn978-4-411-00930-2/

＊ご注意
・PC からでも，iPhone や Android のスマートフォンからでも音声を再生いただけます．
・音声は何度でもダウンロード・再生いただくことができます．
・当音声ファイルのデータにかかる著作権・その他の権利は駿河台出版社に帰属します．
　無断での複製・公衆送信・転載は禁止されています．

本書には教科書に準拠した教室用 DVD があり，ご採用の先生に献呈しております．
同じ内容の動画を下記サイトで公開しております．

https://www.youtube.com/channel/UC4jdTwQu1pT0wt7iURkXJ7Q/videos

Nouveau Ken et Julie 2

はじめに

　《Ken et Julie 2》は，《Ken et Julie》の続編です．フランス語を続けるみなさんが，無理なくフランス語のしくみを学び，その習熟度を実感しながら学習することができるように編成された教科書です．これまでに学んだ文法を復習しながら，6ヶ月後にフランス語検定の4級合格を目指すように学習項目が構成されています．

　本編は全12課からなり，2回の授業で1課の割合で進むように，1課4ページの構成になっています．1ページ目は，その課のキーとなる会話文2行とその課で学ぶ文法項目の学習，2ページ目はその理解を確認する練習問題，3ページ目は会話文，4ページ目はその課の内容に合わせた簡単な聞き取り問題です．

　文法は，見やすくて簡潔な説明を心がけました．会話文は，2課から9課まで一続きのストーリーになっています．フランスの語学学校に約1年間留学するケンがジュリーや語学学校で知り合った仲間たちと愉快な物語を繰り広げます．楽しみながら基本表現を身につけましょう．また，6課と7課の間にフランスの文化面に関するページを設けました．

　巻末の付録は切り取り式になっている宿題用の練習問題，フランス語検定4級模擬試験問題，単語集そして動詞活用表です．これらを最大限に活用してみなさんのフランス語上達につなげてください．

2011年9月

『新ケンとジュリー2』について

　今回の改訂では，ご使用下さった方々のご意見をもとに，本編の構成および内容のコンセプトはそのままに，より使いやすい教科書を目指しました．

　改訂の内容は大きく3つの項目にわかれます．まず，文法解説から練習問題への移行がよりスムーズに行われる工夫を施しました．そして，巻末の宿題用練習問題に加えて，フランス語理解に役立てるための自学自習用「オリジナルノート」を新たに別冊付録としてつけました．「オリジナルノート」は，授業中にも大いに活用できるように単語帳と白紙のページを設けてあります．さらに，各課の会話と文化面のページの内容に準拠したDVD教材を作りました．教室にいながらもフランスにいるような臨場感を味わえることでしょう．

　新たな《Nouveau Ken et Julie 2》で，みなさんのフランス語学習が楽しく充実したものになると確信し，さらなる上達を願ってやみません．

2015年9月
著者

　本書の作成にあたり，フランス語例文の校閲を周到かつ丁寧にしてくださり，さらに録音にもご協力いただいたFrançois Roussel先生に厚く御礼申し上げます．
　またLéna Giunta先生およびSylvain Detey先生には録音を快く引き受けていただきました．深く感謝申し上げます．

目　次

登場人物紹介

Ken Yoshida

吉田　健 Ken Yoshida（19歳）

茨城県出身．M大学外国語学部2年生．M大学に留学してきたフランス人のジュリーが好きになり．彼女の帰国に合わせて10か月間のフランス留学を決意．現在，パリのワンルームマンションで一人暮らし．語学学校エコール・デュ・ルーヴルの友人たちとパリの生活をエンジョイしている．

ジュリー・レスコー Julie Lescaut（20歳）

パリ出身．ヴェルサイユ大学の観光・コミュニケーション学科の学生．両親とパリ市内のアパルトマンに住む．日本に交換留学生として来たことがある．現在，旅行会社でインターンとして働いている．相変わらず，奇抜なファッションで街を闊歩している．

Julie Lescaut

行動マップ

サッカー場
エコール・デュ・ルーヴル
ケンのアパルトマン
サロン・ド・テ
旅行会社
ジュリーのアパルトマン
ヴェルサイユ大学

Éric Didier

エリック・ディディエ
Éric Didier（21 歳）

ニース出身．ジュリーとニコラと同時期に日本に留学していた．現在はパリにある美術大学エコール・デ・ボザールの学生．

Nicolas Masson

ニコラ・マッソン
Nicolas Masson（24 歳）

ナント出身．今も日本に留学中．Ｗ大学の大学院生．一時帰国中に，ジュリーの誕生日パーティーに参加する．

ケンのクラスメイト

ペーター Peter（22 歳）

ドイツ，フランクフルト出身．ハイデルベルク大学の学生．ケンとは一番の仲よし．病気になったり，歯が痛くなったりと，遊びに行く機会を逃すことが多い．

マルコ Marco（25 歳）

イタリア，ナポリ出身．パリのフランス料理店で修業中．日本の伝統文化が大好き．

イーリン Yee Ling（18 歳）

台湾出身．フランスの大学に入るため，フランス語を勉強中．将来はファッション関係の仕事につきたいと思っている．

パウラ Paula（19 歳）

メキシコ，メキシコシティ出身．フランスの大学に入るため，フランス語を勉強中．サッカーが大好きで，スポーツ系ジャーナリストになるのが夢．

Peter

Marco

Yee Ling

Paula

語学学校エコール・デュ・ルーヴルの先生

ムッシュー ビネ Monsieur Binet（55 歳）

校長先生．ケンとは飛行機の中で偶然となり合わせて，会話をする．

マダム アルマン Madame Armand（40 歳）

フランス語の教師．ケンのクラスの先生．

Monsieur Binet

Madame Armand

Leçon 1

◈世界の中のフランス語◈

1. 次のヨーロッパの国のうち，フランス語を公用語としているのは？

    A スペイン   **B** デンマーク   **C** スイス

2. 次のアメリカ大陸の国のうち，フランス語を公用語としているのは？

    A メキシコ   **B** カナダ   **C** ブラジル

3. アフリカの国で，フランス語を公用語としているのは約何か国？

    A 5   **B** 20   **C** 40

4. 次の国のうち，かつてはフランスの植民地であったのは？

    A ヴェトナム   **B** インドネシア   **C** ミャンマー

◼ フランス語を公用語としている国　◼ フランス語が通じる国　☐ それ以外の国

◆ フランコフォニー la francophonie について

フランス語を母語としている国，地域	
Belgique	ベルギー
France	フランス
Guyane	フランス領ギアナ
Québec	ケベック
Luxembourg	ルクセンブルク
Polynésie	ポリネシア
Réunion	レユニオン
Nouvelle-Calédonie	ニューカレドニア
Suisse	スイス

フランス語を公用語としている国，地域	
Bénin	ベナン
Burkina Faso	ブルキナファソ
Centrafrique	中央アフリカ
République du Congo	コンゴ共和国
République démocratique du Congo	
	コンゴ民主共和国
Côte-d'Ivoire	コートジボワール
Madagascar	マダガスカル
Mali	マリ
Sénégal	セネガル
Togo	トーゴ

　「フランコフォニー」とは，フランス語が話される国や地域のことです．日本語では通常，フランス語圏と呼ばれています．ヨーロッパでは隣国のスイス，ベルギー，ルクセンブルクなど，アメリカ大陸ではカナダが英語と共にフランス語を公用語に定めています．特にケベック州では，人口の8割がフランス語を母語としています．フランス語が広い範囲で通じるのがアフリカで，西アフリカを中心に約20か国がフランス語を公用語としているほか，モロッコ，アルジェリア，チュニジアでも通じます．

　またフランスには，ヨーロッパの本土以外にも海外県や海外領邦などと呼ばれている領土があります．海外県では，カリブ海にあるグアドループ（Guadeloupe）やマルティニーク（Martinique），また海外の特別共同体として，オーストラリアの東方にあるニューカレドニアがよく知られています．

ヌメア（ニューカレドニア）

グラン・プラス（ブリュッセル）

ノートルダム大聖堂（モントリオール）

◆ **Métro**（メトロ　地下鉄）と **RER**　Réseau express régional（地域高速鉄道網）

　パリの交通手段と言えば，なんと言ってもメトロです．さらに，パリの中心部と郊外の鉄道路線を結ぶ高速の鉄道網 RER と合わせて 21 路線が市内を網の目のように走っています．

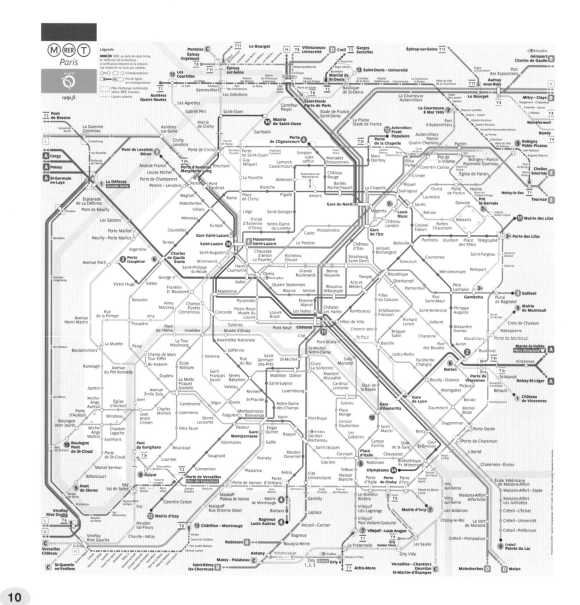

Bus（バス）

メトロと並んで市民の足となっているのがバスです. 約350もの路線が市内を縦横無尽に走っています.

Tram（トラム　路面電車）

渋滞や排気ガスによる公害を減らす手段として, トラム（トラムウェイ＝路面電車）が2006年に開通されました. パリの周辺部を環状に走っています.

Vélib'（ヴェリブ　レンタル自転車）

パリ市で2007年より開始されたレンタル自転車事業（コミュニティ・サイクル・システム）です. Vélib' ヴェリブとは, vélo（自転車）と liberté（自由）から作られた合成語です. 環境の保護や渋滞の緩和にもなるので, パリジャンたちに好評です.

TGV　Train à Grande Vitesse（テジェヴェ　高速列車）

フランス国鉄（SNCF）が運行する超高速列車で, 日本の新幹線の営業最高速度を塗り替えたことで世界の注目を集め, 現在も最高時速320kmを誇ります. フランス国内200を超える都市のほか, ジュネーブやブリュッセルといった隣接する国の主要都市を結び, パリ〜リヨン間を約2時間, パリ〜ニース間を約5時間半で運行しています.

Carnet（カルネ　回数券）

パリを旅行する人によく使われているのが, カルネ（回数券）です. チケット（Ticket t+）10枚が9枚分に満たない価格で買えるうえ, メトロ・バス・トラム共通です. バスとトラムも1時間30分以内であれば, チケット1枚で乗り換えが自由ですし, 旅行者でも個人で自由にパリを移動したい人には欠かせないものです.

Passe Navigo Découverte（パス・ナヴィゴ・デクヴェルト）

旅行者や短期滞在者でも購入できるICカードの定期券で, 1日券（jour）, 1週間券（semaine）, 1か月券（mois）の3種類があります. 1週間券（月曜から日曜まで）は日本円に換算して3千円にも満たず, それでパリ中心部からシャルル・ド・ゴール空港を含んだゾーンで, メトロ・バス・トラムが乗り放題です. 1週間まるまるパリに滞在できるなら, とてもお得です. カードを購入するには, 5ユーロと顔写真1枚が必要です. カードそのものの有効期限はないので, 次回の旅行の際にはチャージすればまた使用できます.

Leçon 2

Monsieur Binet : Où est-ce que vous avez appris le français ?

Ken : Je l'ai appris à l'université au Japon.

基 本 文 法

1. 代名動詞 (『ケンとジュリー』 p. 54 参照)

代名動詞は，主語と同じ人・物を表す目的語代名詞を伴う動詞です．「自分を (自分に) ～する」，「(互いに) ～し合う」などの意味をもちます．

③

se promener「散歩する」						se réveiller	「目覚める」
je	**me**	**promène**	nous	**nous**	**promenons**	se laver	「(自分の体を) 洗う」
tu	**te**	**promènes**	vous	**vous**	**promenez**	s'appeler	「名前を～という」
il	**se**	**promène**	ils	**se**	**promènent**	s'aimer	「愛し合う」
elle	**se**	**promène**	elles	**se**	**promènent**	se téléphoner	「電話し合う」

2. 代名動詞の命令形

肯定命令文は，主語を省略したあと，目的語代名詞と動詞を倒置し，ハイフンで結びます．te は強勢形の **toi** にします．

     Tu te dépêches. ⇒ Dépêche-**toi** !   se dépêcher 「急ぐ」

     Vous vous asseyez. ⇒ Asseyez-**vous**.   s'asseoir 「すわる」

否定命令文は，主語を省略したあと，目的語代名詞と動詞を **ne (n')** と **pas** ではさみます．

     Vous vous habillez en noir. ⇒ **Ne vous** habillez **pas** en noir, le soir.

                       s'habiller 「服を着る」

3. 直説法複合過去

「～した」の意味をもつ動詞の過去形です．

主語 + avoir / être の現在形 + 過去分詞

avoir と être の使い分け   * être が用いられる場合，主語の性・数に合わせて過去分詞に e, s をつけます．

ⓐ avoir：ほとんどの動詞

ⓑ être：移動を表す一部の動詞 *：aller, venir, entrer, sortir, monter, descendre, arriver, partir, naître, mourir, rester など

過去分詞の作り方

① 原形の語尾が -er の動詞：**-er** を **-é** に変える travailler → travaill**é**, aller → all**é**

② 原形の語尾が -ir の動詞の多く：**-ir** を **-i** に変える finir → fin**i**, partir → part**i**

③ その他の動詞：過去分詞の末尾は **-s, -t, -u** であることが多い

    prendre → pri**s**, faire → fai**t**, avoir → e**u**, voir → v**u**, être → ét**é**,

    descendre → descend**u**, naître → n**é**, mourir → mor**t**, venir → ven**u**

 練 習 問 題

1. 適切な活用形を選びなさい.

① Je (me lave   te laves   se lavent) à l'eau froide.

② Vous (nous appelons   vous appelez   s'appellent) comment ?

③ On (nous téléphonons   se téléphone   se téléphonent) souvent.

ヒント ▶ on は 3 人称単数扱いです.

2. 次の文を命令文にしなさい.

① Nous nous dépêchons.   ⇒ _____

② Vous ne vous asseyez pas ici.   ⇒ _____

③ Tu te réveilles plus tôt.   ⇒ _____

3. 次の動詞の過去分詞を書きなさい.

① prendre _____   ② faire _____

③ acheter _____   ④ arriver _____

⑤ lire _____   ⑥ naître _____

4. 直説法複合過去の助動詞となる avoir と être の直説法現在形を書きなさい.

avoir j' _____ nous _____   être je _____ nous _____

tu _____ vous _____   tu _____ vous _____

il _____ ils _____   il _____ ils _____

elle _____ elles _____   elle _____ elles _____

5. ( ) の動詞を複合過去形にして書きなさい.

① J' _____ un sac. (acheter)

② Elle _____ chez Ken. (ne, pas encore, arriver)（否定文にする）

③ Vous _____ le train de neuf heures ? (prendre)

④ Tu _____ cette revue. (ne, pas, lire)（否定文にする）

dialogue
Dans l'avion

> ケンはパリに向かう飛行機の中にいます．隣の席にはフランス人がすわっています．
> 機内食の時間に，ケンは勇気を出して隣のフランス人に話しかけます．

④   Ken : Pardon, monsieur, je peux vous parler un peu ?

Je m'appelle Ken Yoshida. Enchanté.

 Monsieur Binet : Enchanté. Je suis Monsieur Binet. Si vous voulez,

on va se parler un peu. Vous allez en France ?

 Ken : Oui, je vais à Paris. J'ai des amis français là-bas.

 Monsieur Binet : Vous allez rester pendant combien de temps ?

 Ken : Je vais habiter à Paris pendant dix mois.

 Monsieur Binet : C'est bien. Où est-ce que vous avez appris le français ?

 Ken : Je l'ai appris à l'université au Japon. Et je compte suivre

des cours de français dans une école de langues.

 Monsieur Binet : Vous êtes déjà inscrit ?

 Ken : Oui, je suis inscrit aux cours de français de l'École du Louvre.

 Monsieur Binet : Quelle surprise ! Je suis le directeur de cette école.

notes

1. Je peux vous parler ～ ? :「お話ししてもいいですか？」 pouvoir は許可を求める表現として使われています.
2. Je suis Monsieur ～ :「私は～です」フランス語では，自己紹介のとき自分に敬称をつけることがあります.
3. pendant combien de temps ? :「どれぐらいの期間？」
4. compter + 動詞の原形：「～するつもりだ」
5. Quelle surprise ! :「驚いたね！」 この場合の quelle は感嘆を表します.

目的語代名詞 (『ケンとジュリー』p. 54 参照)

直接目的語代名詞		間接目的語代名詞	
me (m')	「私を」	**me (m')**	「私に」
te (t')	「君を」	**te (t')**	「君に」
le (l')	「彼を，それを」	**lui**	「彼に」
la (l')	「彼女を，それを」	**lui**	「彼女に」
nous	「私たちを」	**nous**	「私たちに」
vous	「あなた（がた）を」	**vous**	「あなた（がた）に」
les	「彼らを，それらを」	**leur**	「彼らに」
les	「彼女らを，それらを」	**leur**	「彼女らに」

*目的語となる代名詞は動詞の直前に置きます.

Je prends ce gâteau. ⇒ Je le prends.　Je téléphone à Julie. ⇒ Je lui téléphone.

J'ai acheté ce sac. ⇒ Je l'ai acheté.

14

 聞 き 取 り 問 題

⑤ **1.** 音声を聞いて，適切な活用形を選びなさい.

① Elle (nous maquillons　se maquille　te maquilles) trop.

② Mes parents (vous couchez　te couches　se couchent) très tard.

③ Nous (nous promenons　vous promenez　me promène) tous les jours.

⑥ **2.** 音声を聞いて，適切な目的語代名詞を選びなさい .

① Julie connaît <u>ces dames</u> ?　— Non, elle ne (les vous leur) connaît pas.

② Tu donnes ce cadeau <u>à Ken</u> ?　— Oui, je (lui te leur) donne ce cadeau.

③ Vous <u>m'</u>entendez ?　— Non, je ne (nous vous les) entends pas très bien.

⑦ **3.** 音声を聞いて，適切な語を選びなさい.

① Nous (avons　sommes) fait la cuisine.

② Tu (as　es) sorti à quelle heure ?

③ Julie (a　est) née à Paris.

⑧ **4.** 音声を聞いて，（　　）の動詞を複合過去形にして書きなさい.

① Madame Binet _____ chercher son mari à l'aéroport. (aller)

② Où est-ce que vous _____ le français ? (apprendre)

Leçon 3

Paula : Tu habitais où avant de venir à Paris ?

Ken : Moi, j'habitais à Tokyo.

基 本 文 法

1. 直説法半過去

過去における動作の継続（「～していた」），状態（「～だった」），または習慣的な行為（「～したものだ」）を表します.

直説法半過去の作り方

語尾変化はすべての動詞で共通です. 語幹は nous の現在形から **ons** をとって作ります.

＊ただし，être の語幹は ét となります.

parler ⇒ nous parl**ons** ⇒ **parl**   finir ⇒ nous finiss**ons** ⇒ **finiss**

	parler「話す」					**finir**「終える」			
je	**parl**ais	nous	**parl**ions		je	**finiss**ais	nous	**finiss**ions
tu	**parl**ais	vous	**parl**iez		tu	**finiss**ais	vous	**finiss**iez
il	**parl**ait	ils	**parl**aient		il	**finiss**ait	ils	**finiss**aient
elle	**parl**ait	elles	**parl**aient		elle	**finiss**ait	elles	**finiss**aient

＊　　　の部分の動詞の発音は同じです.

Quand je suis rentré à la maison, ma mère **faisait** la cuisine.

ぼくが帰宅したとき，母は料理をしていた.

Quand j'**étais** petit, je **me promenais** tous les jours dans le jardin du Luxembourg.

私が幼かった頃，毎日リュクサンブール公園を散歩したものです.

2. 人称代名詞強勢形（『ケンとジュリー』p. 40 参照）

主語	je	tu	il	elle	nous	vous	ils	elles
強勢形	**moi**	**toi**	**lui**	**elle**	**nous**	**vous**	**eux**	**elles**

① 主語の強調   **Moi**, je travaille. **Eux**, ils ne travaillent pas.

② 前置詞の後で   Julie ne vient pas chez **toi** ce soir ?

③ C'est の後で   Qui est-ce ? — C'est **moi**, Ken.

④ 比較の que (qu') の後で   Ken est plus grand que **lui**.

⑤ et の後と aussi の前で   Je veux de l'eau. Et **toi** ? — **Moi** aussi.

 練 習 問 題

1. 適切な活用形を選びなさい.

① Ils (habitaient   habitiez   habitait) à Londres.

② J' (allions   allaient   allais) faire du ski tous les ans !

③ Quand je suis rentré, tu (dormais   dormiez   dormait) encore.

2. ( ) の動詞を複合過去形または半過去形にして書きなさい.

① Quand j' (être) _____ étudiant, je (dîner) _____ souvent
au restaurant universitaire.   私が学生だった頃，よく学食で夕食を食べたものです.

② Quand elles (rentrer) _____ , leur mère (faire) _____ la
cuisine.   彼女たちが帰宅したとき，お母さんは料理をしていました.

③ Quand elle (commencer) _____ à travailler, elle (avoir)
_____ dix-huit ans. 彼女が仕事を始めたとき，彼女は 18 歳でした.

④ Cet été, nous (aller) _____ en France. C' (être) _____ un
très beau voyage.   この夏，私たちはフランスに行きました. とても素晴らしい旅行でした.

3. ( ) に適切な人称代名詞強勢形を入れなさい.

① Julie sort avec ( ).   ジュリーは彼らと出かけます.

② Qui est-ce ? ─ C'est ( ).   誰ですか？ ─私です.

③ Il est plus âgé que ( ).   彼は君よりも年上です.

④ Nous déjeunons chez ( ).   私たちは彼の家で昼食を食べます.

さまざまな数量表現

combien de (d') 〜 ? (いくつの〜？)   **trop de (d')** 〜 (あまりに多くの〜)

beaucoup de (d') 〜 (たくさんの〜)   **assez de (d')** 〜 (かなりの〜)   **peu de (d')** 〜 (ほとんど〜ない)

un peu de (d') ＋数えられない名詞 (少しの〜)   **quelques** ＋数えられる名詞 (いくつかの〜)

dialogue
Dans la classe

今日は語学学校の初日です．ケンはドキドキしながら，皆の前で自己紹介をします．
すると，クラスメートからいろいろな質問が飛び出しました．

11　　　　　Ken : Bonjour. Je m'appelle Ken Yoshida. Je suis japonais.

Je suis très content de me trouver parmi vous.

Madame Armand : Merci Ken. Avez-vous des questions à lui poser ?

Paula : Tu habitais où avant de venir à Paris ?

Ken : Moi, j'habitais à Tokyo. Mais je viens d'Ibaraki,

un département voisin de Tokyo.

Peter : Qu'est-ce que tu fais dans la vie ?

Ken : Je suis étudiant.

Paula : Pourquoi apprends-tu le français ?

Ken : Parce que ma copine est française.

Peter : Tu as l'air très jeune. Quel âge as-tu ?

Ken : J'ai vingt ans.

Paula : C'est la première fois que tu viens en France ?

Ken : Non. C'est la deuxième fois. J'ai visité Paris et ses environs

l'année dernière.

Madame Armand : Vous avez sans doute encore beaucoup de questions,

mais il est temps de nous arrêter. Paula, c'est votre tour.

notes

1. questions à lui poser :「彼に対してする質問」
2. venir de (d') ～ :「～出身である」
3. avoir l'air ＋形容詞 :「～に見える，～のようだ」
4. la première fois :「初めて」 premier (ère)「最初の，１番目の」 序数詞　p.37 参照.
5. c'est la premiere fois que (qu') ～ :「～するのは初めてだ」
6. deuxième :「2 番目の」 序数詞　p.37 参照.
7. sans doute :「たぶん」
8. il est temps de (d') ＋動詞の原形 :「～する時間だ」

 聞 き 取 り 問 題

⑫ **1.** 音声を聞いて，（　）に適切な人称代名詞強勢形を入れなさい．

① Comment vas-tu ？ — Très bien, merci, et (　　　　　) ?

② Ce soir, nous allons au concert avec (　　　　　).

③ Tu es plus petite que (　　　　　).

⑬ **2.** 音声を聞いて，（　）に適切な語句を入れなさい．

① Il y a (　　　　　　　　) touristes à Paris.

② Veux-tu encore (　　　　　　　　) fromage ?

③ (　　　　　　　　) enfants avez-vous ?

⑭ **3.** 音声を聞いて，（　）の動詞を複合過去形または半過去形にして書きなさい．

① Hier, il (faire) ＿＿＿＿＿＿ très froid, mais je (sortir) ＿＿＿＿＿＿.

② Avant, il y (avoir) ＿＿＿＿＿＿ ici une petite église.

③ Quand elle (venir) ＿＿＿＿＿＿ chez moi, je (travailler) ＿＿＿＿＿＿.

Leçon 4

 Julie : Tu resteras en France jusqu'à la fin du mois d'août ?

 Ken : Oui, j'aurai encore du temps.

基本文法

1. 直説法単純未来

未来における行為や出来事（「〜するだろう／〜でしょう」）を表します．主語が tu や vous の場合は，命令の意味にも使います．

> **直説法単純未来の作り方**

語尾変化はすべての動詞に共通です．ほとんどの動詞が，その原形の語尾の **r** あるいは **re** を除いたものが語幹になります．

語幹（原則）	chante~~r~~ ⇒ je **chanterai**	fini~~r~~ ⇒ je **finirai**
	parti~~r~~ ⇒ je **partirai**	prend~~re~~ ⇒ je **prendrai**

その他の語幹	avoir ⇒ j'**aurai**	être ⇒ je **serai**	venir ⇒ je **viendrai**
	aller ⇒ j'**irai**	faire ⇒ je **ferai**	voir ⇒ je **verrai**
	pouvoir ⇒ je **pourrai**	vouloir ⇒ je **voudrai**	falloir ⇒ il **faudra**

16

chanter 「歌う」				**partir** 「出発する」			
je	**chanterai**	nous	**chanterons**	je	**partirai**	nous	**partirons**
tu	**chanteras**	vous	**chanterez**	tu	**partiras**	vous	**partirez**
il	**chantera**	ils	**chanteront**	il	**partira**	ils	**partiront**
elle	**chantera**	elles	**chanteront**	elle	**partira**	elles	**partiront**

J'**aurai** vingt ans dans une semaine.
Vous **viendrez** chez moi ?

2. 指示代名詞

前出の名詞の代わりをして，その名詞に合わせて性・数の変化をします．単独では使われず前置詞の de (d') や -ci, -là などを伴います．

	男性	女性
単数	celui	celle
複数	ceux	celles

C'est le sac de Julie ?　Non, c'est **celui** de Marie.　(celui = le sac)
De ces deux jupes, je préfère **celle**-ci à **celle**-là.　(celle = cette jupe)

練 習 問 題

1. 適切な活用形を選びなさい.

① Qu'est-ce que vous (ferez　ferons) demain ?

② Tu (serai　seras) à la maison ce soir ?

③ Marielle (partait　partira) pour le Japon la semaine prochaine.

2. (　　) の動詞を単純未来形にして書きなさい.

① Mes parents ＿＿＿＿＿＿＿ à Paris dans une semaine. (arriver)

② François ne ＿＿＿＿＿＿＿ pas après-demain. (venir)

③ Ken et moi ＿＿＿＿＿＿＿ cette chanson pour toi demain soir. (chanter)

3. 適切な指示代名詞を入れなさい.

① C'est votre voiture ? ― Non, c'est (　　　　) de mon père.

② Ce sont tes cahiers ? ― Non, ce sont (　　　　) d'Éric.

③ Voici mes chaussures et (　　　　) de Julie.

④ De ces deux chemises, je prends (　　　　)-là.

時を表す前置詞 (句)・副詞 (句)

à ～ (～に), **vers ～** (～頃に), **dans ～** (～後に), **il y a ～** (～前に), **jusqu'à ～** (～まで), **depuis ～** (～から),
à partir de (d') ～ (～から), **avant ～** (～前に), **après ～** (～の後に), **plus tard** (のちに)

dialogue
Dans le jardin du Luxembourg

ケンはジュリーとエリックに再会します . お互いの近況報告をはじめます .

17 Ken : Qu'il fait beau aujourd'hui !

Éric : C'est vrai. Et tu es content d'être à Paris ?

Ken : Oui. J'habite rue de la Monnaie. Et je vais à l'École du Louvre.

Julie : C'est celle de Monsieur Binet. Elle est réputée. Au fait, tu resteras en France jusqu'à la fin du mois d'août, n'est-ce pas ?

Ken : Oui, donc, j'aurai encore du temps après les examens.

Éric : Attention ! Le temps passe vite ! Moi, j'ai commencé à faire du cinéma dans un petit atelier.

Julie : Moi aussi, je travaille dans une agence de voyages comme stagiaire.

Ken : Vous êtes occupés tous les deux.

Julie : Désolée. Mais on peut faire un petit voyage, si tu veux.

Ken : Oui, je veux bien !

Éric : C'est une bonne idée.

notes

1. Que (Qu') 〜 ! :「なんと〜だろう！」文頭に Que を置き，文末に「！」を加えると，感嘆文になります .
2. J'habite rue de la Monnaie. :「ぼくはモネ通りに住んでいるんだ .」
   habiter + rue の場合，前置詞・冠詞を省略します .
3. Au fait :「ところで」
4. 〜 , n'est-ce pas ? :「ね , そうでしょう？」
5. commencer à 〜 :「〜しはじめる」
6. faire du cinéma :「映画をつくる」
7. tous les deux :「ふたりとも」

 聞き取り問題

⑱ **1.** 音声を聞いて，適切な指示代名詞を選びなさい.

① Ce livre est (celui   celle) de François.

② Cette voiture est (celui   celle) de Marielle.

③ Ces lunettes sont (ceux   celles) d'Éric.

⑲ **2.** 音声を聞いて，適切な活用形を選びなさい.

① Vous (viendras   viendrez) chez moi ce soir.

② Qu'est-ce que tu (feras   feront) demain ?

③ Murielle (auront   aura) vingt ans dans une semaine.

⑳ **3.** 音声を聞いて，適切な前置詞（句）を入れなさい.

① Tu resteras (　　　　) France (　　　　) la fin du mois d'août ?

② Il faut bien réfléchir (　　　　) de partir.

③ Julie partira pour le Japon (　　　　) une semaine.

天気・気候の表現

Quel temps fait-il ?　どんな天気ですか？

Il fait 〜 .（天気は）〜です.

　　beau よいです／ mauvais 悪いです／ chaud 暑いです／ froid 寒いです／

　　humide じめじめしています

Il pleut. 雨が降っています.（原形は pleuvoir）

Il neige. 雪が降っています.（原形は neiger）

Il y a des nuages. 曇っています.／　Il y a du soleil. 日が照っています.

Leçon 5

Ken : Comment est-ce que tu le sais ?

Marco : Hier, en rentrant de l'école, il avait de la fièvre.

基 本 文 法

1. 現在分詞

「～している」という意味をもち，形容詞のように名詞の後ろに置かれます．原則として直説法現在の nous の活用語尾 **ons** を **ant** につけかえて作ります．

原形	直説法現在	現在分詞	原形	直説法現在	現在分詞
parler	⇒ nous parl~~ons~~	⇒ parl**ant**	faire	⇒ nous fais~~ons~~	⇒ fais**ant**
finir	⇒ nous finiss~~ons~~	⇒ finiss**ant**	venir	⇒ nous ven~~ons~~	⇒ ven**ant**
sortir	⇒ nous sort~~ons~~	⇒ sort**ant**	prendre	⇒ nous pren~~ons~~	⇒ pren**ant**

例外：être ⇒ étant　　avoir ⇒ ayant　　savoir ⇒ sachant

La fille **parlant** avec Julie est ma sœur.　ジュリーと話している女の子は私の妹です．

2. ジェロンディフ　en ＋ 現在分詞

同時性，原因・理由，条件などを表します．

En sortant du cinéma, j'ai rencontré Julie.

映画館から出たときに，私はジュリーに会いました．

3. 中性代名詞　le (l')

前にある文や文の一部（動詞の原形・形容詞など）を指します．le (l') は動詞の直前に置きます．
性・数に関係なく無変化（中性）です．

Peter est malade depuis hier.　— Oui, je **le** sais. (le ＝ 前文)

Le professeur peut donner des devoirs à ses élèves ?　— Oui, il **le** peut. (le ＝ donner)

Julie et Ken sont contents ?　— Oui, ils **le** sont. (le ＝ contents)

場所を表す前置詞 (句)・副詞 (句)

à* (～で/に) **sur** (～の上に) **sous** (～の下に) **dans*** (～の中に) **devant** (～の前に)

derrière (～の後ろに) **chez** (～さんの家で/に) **près de (d')*** (～の近くで/に)

*の印のある前置詞は「時を表す前置詞」としても使われます．

🖊 練習問題

1. 日本語に合わせて，（　　）の動詞を現在分詞にして書きなさい．

① ジュリーと踊っている男の人は誰ですか？

Qui est le monsieur ＿＿＿＿＿＿＿ avec Julie ? (danser)

② メガネをかけている女の人は私のおばです．

La dame ＿＿＿＿＿＿＿ des lunettes est ma tante. (porter)

③ この子はスポーツが大好きな少年です．

C'est un garçon ＿＿＿＿＿＿＿ beaucoup le sport. (aimer)

2. 日本語に合わせて，（　　）の動詞をジェロンディフにしなさい．

① ジャックは遅れて到着したのでみんなに迷惑をかけた．

＿＿＿＿＿＿＿＿＿＿＿＿ en retard, Jacques a dérangé tout le monde. (arriver)

② 毎朝，彼女は食べながら身支度をします．

Le matin, elle se prépare ＿＿＿＿＿＿＿＿＿＿＿. (manger)

③ 私は学校から戻ってくるときに，マリエルに会いました．

J'ai rencontré Marielle ＿＿＿＿＿＿＿＿＿＿＿ de l'école. (revenir)

3. 日本語に合わせて正しい語順に並べなさい．ただし不要な語がひとつずつあります．

① 疲れていますか？　— いいえ，そうではありません．

　　　le　　ne　　pas　　je　　la　　suis

Vous êtes fatiguée ?　　— Non, ＿＿＿＿＿＿＿＿＿＿＿＿＿＿＿.

② ケンはフランスに出発したよ．　—あっそう，知らなかったよ．

　　　le　　pas　　savais　　les　　je　　ne

Ken est parti pour la France.　　— Ah bon, ＿＿＿＿＿＿＿＿＿＿＿＿.

dialogue
Dans la cafétéria

ケンはクラスメートのマルコからサッカー観戦に誘われます.

 22

Marco : Ken, il y aura un match de football ce soir. On y va ensemble ?

Ken : Oui, avec plaisir ! Mais, attends. Nous sommes le combien aujourd'hui ?

Marco : Nous sommes le 16.

Ken : Bon, ça va. Je t'accompagne.

Marco : Tiens, regarde. Yee Ling est là-bas.

Ken : Coucou ! On va voir un match de foot au stade de France ce soir ?

Yee Ling : C'est un match entre quelles équipes ?

Marco : Entre le Paris Saint-Germain et l'A.C.Milan.

Yee Ling : Ça sera intéressant. Au fait, Peter n'est pas là aujourd'hui ?

Marco : Non, il est peut-être malade.

Ken : Comment est-ce que tu le sais ?

Marco : Hier, en rentrant de l'école, il avait de la fièvre.

Yee Ling : Pauvre Peter. Mais c'est la vie. Nous allons à trois au match !

notes

1. Nous sommes le combien aujourd'hui ? :「今日は何日ですか？」
2. Nous sommes le 16. :「16 日です。」
   [日付：le ＋日＋月＋年]：le quatorze juillet 2014 「2014 年 7 月 14 日」
   [毎月 1 日のみ：le premier ＋月]：le premier février 「2 月 1 日」
3. avoir de la fièvre :「熱がある」
4. C'est la vie. :「しかたないわね.」
5. aller à trois :「3 人で行く」
   曜日名

   月 lundi　火 mardi　水 mercredi　木 jeudi　金 vendredi　土 samedi　日 dimanche

   Quel jour sommes-nous ?　　「何曜日ですか？」― Nous sommes lundi.「月曜日です。」
   Je vais au cinéma **le** samedi.　「私は毎週土曜日に映画を見に行きます。」

   月名

1 月 janvier	2 月 février	3 月 mars	4 月 avril
5 月 mai	6 月 juin	7 月 juillet	8 月 août
9 月 septembre	10 月 octobre	11 月 novembre	12 月 décembre

 聞き取り問題

・・

㉓ **1.** 音声を聞いて，次の日付の表現を完成させなさい.

① Nous sommes le (　　　　　　　) ?

② Nous sommes le (　　　　　　　) janvier.

③ Nous sommes (　　　　　　) deux (　　　　　　).

㉔ **2.** 音声を聞いて，正しい応答文を選びなさい.

① A　Nous sommes jeudi.

　B　Nous sommes le cinq.

② A　Nous sommes mardi.

　B　Vous êtes dimanche.

③ A　J'ai rencontré Luc en revenant de l'école.

　B　J'ai rencontré Luc revenant de l'école.

Leçon 6

 Marco : On pourrait y ajouter du sucre ?

Ken : Non, on n'en met pas lors de la cérémonie du thé.

基 本 文 法

1. 条件法現在

現在の事実に反する仮定の話をするときや，語気を和らげたり推測を表すときに使います．
単純未来形と同じ語幹を用い，これに **r** ＋半過去形の語尾を組み合わせます．

26

	partir「出発する」				**pouvoir**「〜できる」	
je	**partirais**	nous	**partirions**	je	**pourrais**	nous **pourrions**
tu	**partirais**	vous	**partiriez**	tu	**pourrais**	vous **pourriez**
il	**partirait**	ils	**partiraient**	il	**pourrait**	ils **pourraient**
elle	**partirait**	elles	**partiraient**	elle	**pourrait**	elles **pourraient**

＊ ▭ の部分の動詞の発音は同じです．

「もし（si）〜ならば（半過去＊），…なのだけど（条件法現在）」 ＊半過去については p.16 を参照．

Si j'avais de l'argent, j'**achèterais** une tablette.　もしお金があれば，タブレットを買うのだけれど．

Je **voudrais** parler à Monsieur Dupont.　デュポンさんとお話ししたいのですが．

2. 副詞的代名詞 en

前にある不定冠詞や部分冠詞などがついた名詞を指します．**en** は動詞の直前に置きます．

① 不定冠詞 **des**, 部分冠詞 **du, de la, de l'**, 否定の **de (d')** ＋名詞

Tu as de l'argent ? — Oui, j'ai **de l'**argent.　　⇒ Oui, j'**en** ai.

　　　　　　　　— Non, je n'ai pas **d'**argent.　⇒ Non, je n'**en** ai pas.

② 数詞＋名詞（**en** は名詞のみを指します）

Avez-vous des enfants ?

　　　　　　— Oui, nous avons **trois** enfants.　⇒ Oui, nous **en** avons **trois**.

③ **de (d')** ＋名詞

Ken est content de ses cours ?

　　　　　　— Oui, il est très content **de** ses cours.　⇒ Oui, il **en** est très content.

3. 副詞的代名詞 y

場所を表す前置詞（**à, dans, en** など）がついた名詞を指します．**y** は動詞の直前に置きます．

① **à, dans, en** など＋名詞

Vous êtes entrés dans ce café ?　　— Oui, nous sommes entrés **dans** ce café.

　　　　　　　　　　　⇒ Oui, nous **y** sommes entrés.

② **à** ＋名詞

Ken pense à ses examens ?　　— Non, il ne pense pas **à** ses examens.

　　　　　　　　　⇒ Non, il n'**y** pense pas.

✎ 練習問題

1. 動詞 arriver の条件法現在形を書きなさい.

j' _____ nous _____

tu _____ vous _____

il _____ ils _____

elle _____ elles _____

2. 日本語に合わせて（　　）の動詞を適切な活用形にして書きなさい.

① もし車があれば，マルセイユに正午までに着くのに.

Si j' _____ une voiture, j' _____ à Marseille avant midi.

（ avoir, arriver ）

② ケータイを買いたいのですが.（条件法現在形を用いて）

Je _____ acheter un portable.（ vouloir ）

3. 太字部分を適切な代名詞で言いかえ，応答文を書き改めなさい.

① Combien de frères avez-vous ? — J'ai trois **frères**.

⇒_____

② Ken va souvent au musée ? — Oui, il va **au musée** tous les dimanches.

⇒_____

③ Tu penses à ton avenir ? — Oui, je pense souvent **à mon avenir**.

⇒_____

④ Vous avez vu ce film ? — Bien sûr, car on parle beaucoup **de ce film**.

⇒_____

語学学校の授業で，生徒たちが自国の文化をフランス語で紹介しています．次はケンの番です．

27 Mme Armand : Ken, c'est votre tour. Pourriez-vous nous parler de la culture japonaise ?

Ken : Oui, madame. Alors, je voudrais présenter l'art du thé traditionnel.

Marco : On boit du thé vert sur des tatamis, n'est-ce pas ?

Ken : Oui, on en boit selon des règles précises. C'est du thé en poudre. Ça s'appelle le *Matcha*.

Peter : On le prépare comment ?

Ken : Je vais vous montrer. Voici un set de cérémonie du thé. On mélange le thé et l'eau chaude avec cette brosse.

Tous : Oh !

Marco : On pourrait y ajouter du sucre ?

Ken : Non, on n'en met pas lors de la cérémonie du thé. Au lieu de ça, on mange un gâteau japonais.

Peter : Un gâteau japonais ? C'est comment ?

Marco : J'aimerais goûter ça !

Mme Armand : Bon. Allons ensemble dans un salon de thé japonais après la classe.

notes

1. l'art du thé :「お茶の作法，茶道」
2. un set de cérémonie du thé :「茶道具のセット，一揃い」
3. en poudre :「粉末の」
4. lors de ～ :「～のとき」
5. au lieu de ～ :「～の代わりに」

 聞 き 取 り 問 題

28 **1.** 音声を聞いて適切な活用形を選び，和訳しなさい.

① S'il (faisait   faisiez) beau, nous (iraient irions) à la mer.

_____

② Si elle n' (étiez était) pas malade, elle (viendrions viendrait) avec nous.

_____

③ Je (voudrais voudriez) essayer cette jupe.

_____

④ Ken et Julie (seriez seraient) à Nice en ce moment.

_____

29 **2.** 音声を聞いて，適切な副詞的代名詞を入れなさい.

① Tu penses à ton avenir ? — Oui, j'(   ) pense toujours.

② Il a une belle voiture. Il (   ) est très fier.

ヒント▶ être fier de (d') ～「～を自慢に思う」

③ Tu as combien de cours aujoud'hui ? — J' (   ) ai deux.

④ Julie et ses amies sont dans un café. Elles (   ) bavardent depuis une heure.

数　　詞

数詞の言い方を覚えましょう.

　2ケタの数詞のうち70〜79, 90〜99については, 10〜20までの数詞(『新ケンとジュリー1』 p. 10参照)も組み合わせて使います.

0	1	2	3	4	5	6	7	8	9
ゼロ	アン ユヌ	ドゥ	トロワ	キャトル	サンク	スィス	セット	ユイット	ヌフ
zéro	un/une	deux	trois	quatre	cinq	six	sept	huit	neuf

10	11	12	13	14	15	16	17	18	19
ディス	オーンズ	ドゥーズ	トゥれーズ	キャトーるズ	キャーンズ	セーズ	ディ セット	ディズュイット	ディズ ヌフ
dix	onze	douze	treize	quatorze	quinze	seize	dix-sept	dix- huit	dix-neuf

20	21	22	30	31	32
ヴァン	ヴァンテ アン ユヌ	ヴァント ドゥ	トらントゥ	トらン テ アン ユヌ	トらントゥ ドゥ
vingt	vingt et un (une)	vingt-deux	... trente	trente et un (une)	trente-deux ...

40	41	42	50	51	52
キャらントゥ	キャらン テ アン ユヌ	キャらントゥ ドゥ	サンカントゥ	サンカン テ アン ユヌ	サンカントゥ ドゥ
quarante	quarante et un (une)	quarante-deux	... cinquante	cinquante et un (une)	cinquante-deux ...

60	61	62	70	71	72
ソワサントゥ	ソワサン テ アン ユヌ	ソワサントゥ ドゥ	ソワサントゥ ディス	ソワサン テ オーンズ	ソワサントゥ ドゥーズ
soixante	soixante et un (une)	soixante-deux	... soixante- dix	soixante et onze	soixante-douze ...

80	81	82	90	91	92
キャトる ヴァンs	キャトる ヴァンアン ユヌ	キャトる ヴァン ドゥ	キャトる ヴァンディス	キャトる ヴァンオーンズ	キャトる ヴァン ドゥーズ
quatre-vingts	quatre-vingt-un (une)	quatre-vingt-deux	... quatre-vingt-dix	quatre-vingt-onze	quatre-vingt-douze ...

98	99
キャトる ヴァン ディズュイット	キャトる ヴァンディズ ヌフ
quatre-vingt-dix - huit	quatre-vingt-dix-neuf

100	101	102	110	120	199
サン	サン アン ユヌ	サン ドゥ	サン ディス	サン ヴァン	サン キャトる ヴァン ティズ ヌフ
cent	cent un (une)	cent deux	cent dix	cent vingt	cent quatre-vingts-dix-neuf

200	250	500	780
ドゥ サン	ドゥ サン サンカントゥ	サン サン	セット サン キャトる ヴァン
deux cents	deux cent cinquante	cinq cents	sept cent quatre-vingts

1000	1001	1990	2000	2012
ミル	ミル アン ユヌ	ミル ヌフ サン キャトる ヴァンディス	ドゥ ミル	ドゥ ミル ドゥーズ
mille	mille un (une)	mille neuf cent quatre-vingt-dix	deux mille	deux mille douze

2013	2014	10 000	100 000	1 000 000
ドゥ ミル トれーズ	ドゥ ミル キャトーるズ	ディ ミル	サン ミル	アン ミリヨン
deux mille treize	deux mille quatorze	dix mille	cent mille	un million

* une は, 数詞が形容詞として使われ, 後ろの名詞が女性名詞の場合に用いられる形です.

* 20以上の2ケタの数詞は, 組み合わされる語の間をハイフンで結びます. なお, 21, 31, 41, 51, 61については, 十の位を表す語の後に一の位の数詞を et un (une) のように結びつけます.

* cent は 200 以上で後ろに端数がなければ複数形の s がつきます.

* mille は 2000 以上で端数がなくても不変です. また, 年号を言うときには mil という形を使うこともあります.

さまざまな数詞の使い方

・時刻 (列車のダイヤなどの 24 時間制の時刻):
　　　Le train arrive à Paris à **vingt-deux heures cinquante**.

・日付: Nous sommes le **trente et un** mai.

・数量: Dans cette école, il y a **cent trente-huit** garçons et **cent cinquante et une** filles.

・年齢: Mon grand-père a **soixante-dix-sept** ans.

・年号: Je suis né(e) en **mille neuf cent quatre-vingt-treize**.

・金額: Cette voiture coûte **seize mille huit cents** euros.

Les cafés
カフェ

"カフェ"というと，日本の喫茶店と同じものを想像する人も多いことでしょう．でも，フランスの café は単に飲み物や軽食をとるだけの場所とはかぎりません．

一人で入ればカフェは，静かに本を読んだり物思いに耽ったり，ぼんやりと道行く人を眺めたりしながら，コーヒーとともにゆったりとした時の流れを味わう憩いの空間となります．仲間同士で入れば，そこはテーブルを囲んで語り合う社交の場へと変わります．

現在，パリにはおよそ 12,000 軒のカフェがあります．その中でも特に古い歴史をもつ「ドゥ・マゴ」Les Deux Magots，「フロール」Le Café de Flore には，かつては著名な文化人が集い，独特なカフェ文化を産み出しました．

ミニ会話

ウエイター：	Bonjour, Mesdemoiselles.	いらっしゃいませ．
客 ：	Trois cafés, un thé, deux tartes aux pommes et deux glaces à la vanille, s'il vous plaît.	コーヒー3つ，紅茶を1つ，リンゴのタルトを2つとバニラアイスを2つ，お願いします．
ウエイター：	Très bien.	かしこまりました．
	***	
ウエイター：	Voilà. Ça fait vingt-deux euros cinquante.	さあどうぞ．22ユーロ50サンチームになります．
客 ：	Tenez, voici trente euros.	はい，30ユーロあります．
ウエイター：	Vingt-trois, vingt-quatre, vingt-cinq et cinq qui font trente. Merci.	（50サンチームを返して）23ユーロ，（1ユーロを返して）24ユーロ，（1ユーロを返して）25ユーロと（5ユーロ札を返して）5ユーロで30ユーロになりました．ありがとうございました．

♥おつりは，品物の実際の金額から出発して，少額の貨幣から徐々に大きな額の貨幣を返しながら，お客が支払った額になるまで足し算をしていきます．

CIVILISATION 2

Spécialités régionales
郷土料理

旅行の楽しみのひとつは，各地の料理を味わうことにあります．フランスは昔から美食の国として有名です．フランスに行ったら，ぜひ，一度は試して欲しい郷土料理をご紹介します．

ブルターニュ地方

Galette ガレット

そば粉で作ったクレープ状の生地でハムやチーズ，卵などの具材を包んだ料理

ノルマンディー地方

Sole meunière
舌平目のムニエル

ドーバー海峡産の舌平目をバター焼きした料理

アルザス地方

Choucroute
シュークルート

ソーセージや豚塩漬け肉を茹でたものに，酢漬けのキャベツを付け合わせた料理

アキテーヌ地方

Confit de canard 鴨のコンフィ

鴨を脂で煮て，漬け込んだものをソテーした料理

Normandie

Bretagne

Alsace

Bourgogne

Aquitaine

Provence

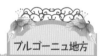
ブルゴーニュ地方

Coq au vin 若鶏の赤ワイン煮

プロヴァンス地方

Bouillabaisse
ブイヤベース

魚介をトマトなどで煮込んだ料理

若鶏のもも肉を赤ワインで煮込んだ料理

©Sumiyo Ida

34

Les gâteaux français
フランスのお菓子

　フランスを代表するケーキのひとつに，カトルカール quatre-quarts があります．これはイギリスのパウンドケーキとほぼ同じものです．パウンドケーキが材料のバター，砂糖，卵，小麦粉を 1 ポンド（453.59 グラム）ずつ使うことからこの名前がついたように，フランスのカトルカール（4 つの材料を 4 分の 1 ずつという意味）もバター，砂糖，卵，小麦粉をそれぞれ同量ずつ使用して作るという意味です．

　失敗の少ない，焼きっぱなしのケーキです．ぜひ，一度作ってみましょう．

La recette du quatre-quarts (pour 4 personnes)

Ingrédients
- 2 œufs
- 120g de farine
- 120g de beurre
- 120g de sucre
- 1 petite cuillère de levure

Préparation
1. Mettez dans un saladier la farine et le sucre avec la levure.
2. Faites fondre le beurre et versez-le au centre de la farine de 1.
3. Incorporez sans faire de grumeaux.
4. Cassez les deux œufs et battez-les au milieu de la pâte pour les incorporer. Votre pâte doit être jaune pâle et coller à la cuillère.
5. Versez-la alors dans un moule à cake beurré préalablement.
6. Mettez à four moyen, pour une vingtaine de minutes. Pour vérifier la cuisson, enfoncez une lame de couteau qui doit ressortir sèche. Démoulez à chaud, et laissez refroidir.

いろいろなフランス菓子

Paris est comme un escargot.

パリはまるで "エスカルゴ"

　パリ発祥の地は，その中心を流れるセーヌ川に浮かぶ「シテ島」です．シテ島には，紀元前 3 世紀頃から原住民のパリシー族の集落がありました．その名にちなんで，この一帯は「パリ」と呼ばれるようになりました．そしてパリは，さまざまな歴史を経て 1860 年に今の大きさになり，20 の行政区になりました．人口約 225 万人，面積約 105.4 km²，東京の山手線の内側よりひとまわり大きいくらいです．ちなみに東京 23 区の人口は 907 万人で，その面積は 621 km² です．パリ 20 区は，パリ発祥のシテ島を含む 1 区を起点に時計回りで 20 区まで渦巻き状に連なっています．中央にはセーヌ川が東西に流れていて，その形から，パリはフランス人の好きなエスカルゴ（カタツムリ）によく例えられます．

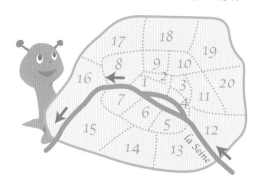

　パリ市の紋章です．川に浮かぶ帆掛け舟のデザインは，「波に揺られても沈まず」の標語がラテン語で記されています．セーヌ川という自然の水路に恵まれて，パリが昔から栄えてきたことを表しています．

　区名の表記は，「1 区」＝1ᵉʳ arrondissement，「2 区」＝2ᵉ arrondissement というように序数詞を使います．次のページの序数詞の一覧表を参考にしてください．
　パリの番地の付け方はとてもわかりやすくなっています．約 5200 本あるといわれる通りにはすべて名前が付いていて，いたるところにその表示板があり，現在地がすぐわかります．番地も規則的に配置されています．セーヌ川に平行する通りでは，その上流から下流に向かって数字が大きくなり，平行していない通りでは，セーヌ川に近い方から遠い方にむかって数字が大きくなります．また，数字の小さい番地から大きい番地にむかって左側は奇数，右側は偶数と決まっています．

序 数 詞

㉜ ♣序数詞一覧表

1ᵉʳ / 1ᵉʳᵉ	プるミエ プるミエーる premier / première	11ᵉ	オーンズィエム onzième
2ᵉ	ドゥズィエム スゴン(ド) deuxième / second(e)	12ᵉ	ドゥーズィエム douzième
3ᵉ	トろワズィエム troisième	13ᵉ	トれーズィエム treizième
4ᵉ	キャトりエム quatrième	14ᵉ	キャトーるズィエム quatorzième
5ᵉ	サンキエム cinquième	15ᵉ	キャーンズィエム quinzième
6ᵉ	スィズィエム sixième	16ᵉ	セーズィエム seizième
7ᵉ	セッティエム septième	17ᵉ	ディセッティエム dix-septième
8ᵉ	ュィッティエム huitième	18ᵉ	ディズュィッティエム dix-huitième
9ᵉ	ヌヴィエム neuvième	19ᵉ	ディズヌヴィエム dix-neuvième
10ᵉ	ディズィエム dixième	20ᵉ	ヴァンティエム vingtième

　序数詞は，区の名前以外に建物の階を表したり，道順の表現などで使われます．デパートのフロア案内図のイラストで，各階の言い方を見てみましょう．　階の数え方が少し違います．日本では，一番下の階から1階，2階と数えるのに対して，道路と同じ高さの階は，地上階という rez-de-chaussée（れ・ドゥ・ショッセ）で表し，その上の階から1階，2階と数えるのです．これはホテルでもアパルトマンでも建物の階を数えるときは同じです．

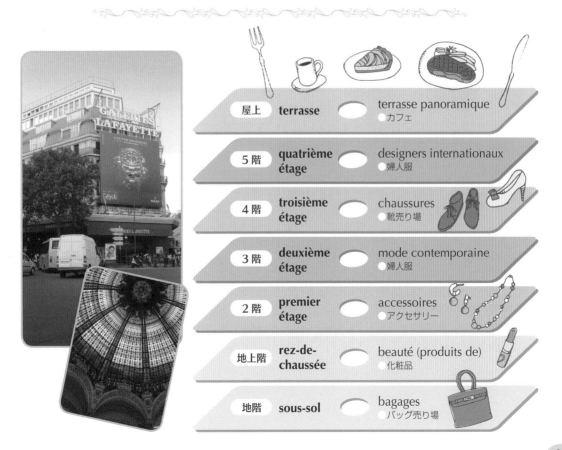

屋上	**terrasse**	○	terrasse panoramique ○カフェ
5階	**quatrième étage**	○	designers internationaux ○婦人服
4階	**troisième étage**	○	chaussures ○靴売り場
3階	**deuxième étage**	○	mode contemporaine ○婦人服
2階	**premier étage**	○	accessoires ○アクセサリー
地上階	**rez-de- chaussée**	○	beauté (produits de) ○化粧品
地階	**sous-sol**	○	bagages ○バッグ売り場

Leçon 7

 33

 Ken : C'est ma tante qui a fabriqué ce bol pour Julie.

 Le père de Julie : Comme elle est aimée de tous !

基本文法

1. 受動態 (「～される」)

être + 過去分詞で「～される」という意味を表します.「～によって」は par または de (d') で示します. 過去分詞には主語の性・数に合わせて e, s をつけます.

Les parents de Julie **invitent** Ken. ⇒ Ken **est invité par** les parents de Julie.

ジュリーの両親はケンを招待する. ケンはジュリーの両親によって招待される.

Cet étudiant **apprécie** Mme Armand. ⇒ Mme Armand **est appréciée de**＊ cet étudiant.

＊動詞が状態を表すときは de を使います.

この学生はマダム アルマンを尊敬している. マダム アルマンはこの学生によって尊敬されている.

2. 強調構文

文の一部分 (動詞を除く) を強調するための構文です.

<u>Ken</u> a rencontré <u>Julie</u> <u>à Shinjuku</u> <u>l'année dernière</u>.

ケンはジュリーと新宿で昨年出会いました.

ⓐ 主語の強調：**C'est** 主語 **qui** 動詞

C'est Ken **qui** a rencontré Julie à Shinjuku l'année dernière.

ⓑ 主語以外の強調：**C'est** 主語以外 **que (qu')** 主語＋動詞

C'est Julie **que** Ken a rencontrée＊ à Shinjuku l'année dernière.

＊直接目的語と que (qu') のあとの過去分詞は性・数を合わせます.

C'est à Shinjuku **que** Ken a rencontré Julie l'année dernière.

C'est l'année dernière **que** Ken a rencontré Julie à Shinjuku.

3. avoir を使う熟語表現 (『ケンとジュリー』 p. 20 参照)

体調の表現

avoir mal à + 定冠詞＋身体の名詞「～が痛い」

Où avez-vous mal ? どこが痛いのですか?

J'ai mal ～ . 私は～が痛いです.

à la tête「頭」 / aux dents「歯」 / au ventre「おなか」 / aux pieds「足」

その他

avoir besoin de (d') ～ 「～が必要だ」 Il **a besoin de** ton aide.

avoir envie de (d') ～ 「～を欲する」 Julie **a envie de** retourner au Japon.

avoir peur de (d') ～ 「～を恐れる」 Ken **a peur du** chien de son voisin.

✎ 練 習 問 題

1. 適切な活用形を選びなさい.

① Madame Durand invite Julie à dîner.

⇒ Julie (a invité   est invitée) à dîner par Madame Durand.

② Les jeunes filles aiment ces chanteurs coréens.

⇒ Ces chanteurs coréens (sont aimés   ont aimé) des jeunes filles.

2. 受動態の文に書きかえなさい.

① Tout le monde apprécie ce restaurant.

⇒ _____

② Ma tante fabrique ces tasses.

⇒ _____

3. ①〜③を強調した文を書きなさい.

Je suis allée à Kamakura avec Ken.
①   ②   ③

① _____

ヒント▶ je や tu などの代名詞を強調するときは，moi, toi のような強勢形を使います.

② _____

③ _____

4. フランス語で作文しなさい.

あなたはどこが痛いのですか？   ― 私は足が痛いのです.

_____

時刻の言い方

Quelle heure est-il ?   何時ですか？
Il est une heure juste.   1 時ちょうどです.
Il est deux heures et quart.   2 時 15 分です.
Il est trois heures et demie.   3 時半です.

Il est quatre heures moins le quart.
　4 時 15 分前です.
Il est midi.   正午です.
Il est minuit.   午前 0 時です.

ケン，ニコラ，エリックはジュリーの家で彼女の誕生日を祝いました．

34

Ken : Bonsoir. Bon anniversaire, Julie !

Julie : Merci beaucoup. Tiens, tu es seul ? Peter ne vient pas ?

Ken : Non, il ne peut pas venir parce qu'il a mal aux dents.

Julie : C'est dommage.

* * * * * * * * * * * * * * *

Ken : Hum ... C'est bon, ce plat !

Julie : C'est moi qui ai fait ce coq au vin.

Éric : Ton coq au vin va très bien avec le vin de Nicolas.

Ken : Julie, voilà un cadeau pour toi.

Julie : Ah, c'est gentil. Qu'est-ce que c'est ?

Ken : C'est un bol à thé japonais.

Julie : Il est très joli ! C'est un bol de *Hagi* ou un bol de *Karatsu* ?

Ken : Non, c'est un bol de *Kasama*.

Julie : *Kasama* ? Je ne connais pas.

Ken : C'est ma tante qui l'a fabriqué pour toi.

Le père de Julie : Comme tu es aimée de tous !

notes

1. coq au vin：「若鶏の赤ワイン煮」 p.34 参照.
2. aller bien avec 〜：「〜とよく合う」
3. un bol à thé japonais：「日本 (製) の茶碗」
4. C'est un bol de *Hagi* 〜 ?：「これ，萩の (＝萩の茶碗) なの？」
   　Hagi は山口県萩市，*Karatsu* は佐賀県唐津市，*Kasama* は茨城県笠間市で，いずれも陶器の産地.
5. C'est ma tante qui l'a fabriqué 〜：「それを作ったのはぼくのおばさんなんだ.」 l' = ce bol
6. Comme 〜 !：「なんと〜なんだろう！」
   　文頭に comme を置き，文末に「！」を加えると，感嘆文になります.
7. tous：「みんな」

 聞 き 取 り 問 題

35 **1.** 音声を聞いて適切な活用形を選び，和訳しなさい.

① Vous (aimez   êtes aimé) de tous vos élèves.

_____

② Mon oncle (a écrit   est écrit) ce roman policier.

_____

③ Ces sacs (ont fabriqué   sont fabriqués) dans cet atelier.

_____

36 **2.** 音声を聞いて，強調構文の一部分を書きなさい.

Il a appris le français à l'université.

① C'est (   ) a appris à l'université.

② C'est (   ) le français à l'université.

③ C'est (   ) .

37 **3.** 音声を聞き，適切な語（句）を入れなさい.

① (   ) as-tu mal ? — J'(   ) mal à (   ) .

② Tu as (   ) d'(   ) au Mont Saint-Michel ?

Leçon 8

 Ken : Nous nous sommes bien amusés chez toi hier soir.

Julie : Oui, j'étais très heureuse.

基 本 文 法

1. 代名動詞の複合過去

主語 ＋ **se (s')*** ＋ **être の現在形** ＋ **過去分詞 ****

＊ se (s') は主語に応じて変化します.

＊＊ se (s') が直接目的語のときに, その性・数に合わせて, 過去分詞に e, s をつけ
ます.（巻末単語集 p.78 ～ p.79 の se を参照）

se lever「起きる」

je	me suis	levé(e)	nous	**nous**	sommes	levé(e)s
tu	t'es	levé(e)	vous	**vous**	êtes	levé(e)(s)
il	s'est	levé	ils	se	sont	levés
elle	s'est	levée	elles	se	sont	levées

Julie **s'est levée** à sept heures. （s' は直接目的語）

Yoshiko **s'est lavé** les mains avant le déjeuner. （s' は間接目的語）

2. 形容詞の位置と特殊な変化をする形容詞 （『ケンとジュリー』p. 28 参照）

形容詞は一般的に名詞の後ろに置きます. ただし, grand(e), petit(e), bon(ne), mauvais(e),
jeune, joli(e), beau(belle), gros(se) などの形容詞は名詞の前に置きます.

＊ 形容詞が前に置かれると, 不定冠詞 des は de (d') になります.

また, 形容詞は, それが関係する名詞や主語の性・数に合わせて変化します.

名詞に関係する場合　　　　C'est une **petite** chambre **claire**.

主語に関係する場合　　　　Julie est **contente** quand elle étudie sur le Japon.

特殊な女性形

-er	⇒	**-ère**	étranger	⇒	étrang**ère**	une langue étrang**ère**
-x	⇒	**-se**	heureux	⇒	heureu**se**	une famille heureu**se**
-f	⇒	**-ve**	actif	⇒	acti**ve**	l'imagination acti**ve**
-on	⇒	**-onne**	bon	⇒	b**onne**	la b**onne** volonté
-en	⇒	**-enne**	parisien	⇒	parisi**enne**	une salade parisi**enne**

long ⇒ long**ue** 　une robe long**ue**

blanc ⇒ blan**che** 　une maison blan**che**

doux ⇒ dou**ce** 　une voix dou**ce**

 練習問題

1. 適当な活用形を選びなさい.

① Julie et Marie (s'ont promené   se sont promené   se sont promenées) dans le jardin du Luxembourg.

② Ils (s'est marié   se sont mariés   s'ont mariés) le mois dernier.

③ Nous (nous sommes téléphonées   nous avons téléphoné   nous sommes téléphoné) plusieurs fois hier soir.

2. （　　　）の動詞を複合過去形にして書きなさい.

① Julie _____ à six heures. （ se lever ）

② Éric et Ken _____ de partir. （ se dépêcher ）

③ Léa _____ les dents après le repas. （ se laver ）

3. （　　　）の形容詞を適切な形にして書きなさい.

① Elles sont _____. （ heureux ）

② Éric parle à voix _____. （ doux ）

③ Ken est revenu au Japon la semaine _____. （ dernier ）

4. 例にならって，（　　　）の形容詞を，与えられた名詞に性・数を一致させ，不定冠詞をつけて正しい語順にして書きなさい.

（例）　jardin (petit) ⇒ un petit jardin

① ville (beau)　　　⇒ _____

② maisons (blanc)　⇒ _____

③ femmes (vieux)　⇒ _____

男性単数第2形

名詞の前に置かれる形容詞の中には，男性単数第2形をもつものがあります. 母音で始まる男性名詞の前で使われます.

男性単数形	男性単数第 2 形	女性単数形
beau	**bel**	**belle**
nouveau	**nouvel**	**nouvelle**
vieux	**vieil**	**vieille**

ジュリーの誕生パーティーの翌日，ケンはジュリーに電話をかけました．
ケンは帰国前の旅行のことを考えています．

40 Ken : Allô, Julie? C'est Ken. Ça va ?

 Julie : Oui, ça va bien.

 Ken : Nous nous sommes bien amusés chez toi hier soir.

 Julie : J'étais très heureuse, parce que tous mes amis se sont réunis pour moi.

 Ken : Au fait, je te téléphone pour parler de notre voyage.

 Julie : Notre voyage ?

Ken : Hé! Tu m'as dit que tu ferais un petit voyage avec moi avant mon retour.

Julie : Ah, oui ? … C'est vrai ! Où est-ce que tu veux aller ?

 Ken : Je n'ai jamais été dans l'est de la France.

 Julie : Alors, si on allait à Strasbourg ? Il y a une grande cathédrale très célèbre.

 Ken : Je voudrais bien la voir ! Et le centre-ville est classé au patrimoine

mondial de l'Unesco, n'est-ce pas ?

Julie : Oui, c'est vrai.

Ken : On va se voir pour préparer notre programme ce soir ?

Julie : D'accord.

notes

1. nous nous sommes bien amusés 〜 :「（私たちは）とても楽しかった」
   原形は s'amuser で s' は直接目的語.
2. tous mes amis :「私の友だちがみんな」 tous ＋所有形容詞（または定冠詞）＋複数名詞「すべての〜」
3. se sont réunis :「集まった」 原形は se réunir で se は直接目的語.
4. Au fait :「ところで」
5. tu m'as dit que tu ferais un petit voyage 〜 :「ちょっとした旅行をしようって言ってたよ」
   ferais は faire の条件法現在形で「過去から見た未来」を表します.
6. Je n'ai jamais été 〜 :「一度も行ったことがない」複合過去で être は「行く」の意味になります.
7. si on allait :「行きましょうか」 si ＋半過去で，提案・勧誘を表します.
8. est classé :「指定されている」
9. l'Unesco :「ユネスコ（国連教育科学文化機関）」

聞き取り問題

41 **1.** 音声を聞いて，適切な活用形を選びなさい.

① Elle (s'est trop maquillée　s'est trop maquillé　s'es trop maquillée).

② Nous (nous sommes promenés　nous sont promenés　nous sommes promené) dans le centre-ville de Strasbourg.

42 **2.** 音声を聞いて，文を完成させなさい.

① Je ______________________ au bord de la Seine.

② Elle ______________________ très tard ce matin.

③ Julie et Ken ______________________ quatre fois hier soir.

43 **3.** 音声を聞いて，適切な形容詞を選びなさい.

① Ken apprend deux langues (étrangers　étrangeres　étrangères).

② Julie porte une robe (long　longe　longue).

③ Ken partira pour le Japon la semaine (prochain　prochaine　prochaines).

Leçon 9

 Ken : C'est la plus haute cathédrale de France ?

Julie : Non, c'est celle de Rouen, mais je préfère celle-ci.

基本文法

1. 比較表現

① 比較級

plus	形容詞（副詞）	**que (qu')** ...	「…より～な（に）」
aussi	形容詞（副詞）	**que (qu')** ...	「…と同じくらい～な（に）」
moins	形容詞（副詞）	**que (qu')** ...	「…ほど～ない（なく）」

② 形容詞の最上級

le (la, les) plus 　形容詞　**de (d')** ... 　「…のなかで最も～な」

le (la, les) moins 　形容詞　**de (d')** ... 「…のなかで最も～でない」

③ 副詞の最上級

le plus 　副詞　**de (d')** ... 　「…のなかで最も～に」

le moins 　副詞　**de (d')** ... 　「…のなかで最も～でなく」

Pierre est **le plus** âgé **de** ses collègues.

Julie court **le moins** vite **de** sa classe.

2. 特殊な比較表現

① 比較級，最上級を表すのに，plus を使わないで特殊な形になるものがあります．

		比較級		最上級
bon(ne)(s)	「よい，おいしい」 ⇒	**meilleur(e)(s)**	⇒	**le (la, les) meilleur(e)(s)**
bien	「よく，上手に」 ⇒	**mieux**	⇒	**le mieux**

Ce vin-ci est **meilleur que** ce vin-là. ／ C'est **la meilleure** émission **de** la semaine.

Éric danse **mieux que** Nicolas. ／ Hélène chante **le mieux de** toutes ses amies.

② 名詞の数・量を比較するには，名詞の前に de (d') をつけます．

plus		
autant	**de (d')** ＋名詞 ＋ **que (qu')** ...	
moins		

le ⎰ plus ⎱ **de (d')** ＋名詞 ＋ **de (d')** ...
　　⎱ moins ⎰

* この場合，最上級は必ず le を用います．

Léa a **plus d'**argent **que** toi.

Éric a **le plus de** jeux vidéo **de** tous mes amis.

練習問題

1. 日本語に合わせて，適切な語（句）を選びなさい．

① マリーはジュリーよりデッサンが得意だ．

Marie est (meilleur   meilleure   mieux) que Julie en dessin.

② ジュリーはレアよりダンスが上手だ．

Julie danse (meilleur   meilleure   mieux) que Léa.

③ このビールはベルギーで一番おいしい．

Cette bière est (le meilleur   la meilleure   le mieux) de Belgique.

④ パウラは学校で一番歌が上手だ．

Paula chante (la meilleure   le mieux   la mieux) de son école.

2. 日本語に合わせて，適切な語を入れなさい．

① 彼らは何も食べない．　　　　　　　Ils ne mangent (　　　　　　).

② 私は一度もアフリカに行ったことがない．Je ne suis (　　　　　) allé en Afrique.

③ 瓶にはもうワインはない．　　　　　Il n'y a (　　　　　　) de vin dans la bouteille.

3. 日本語に合わせて，正しい語順に並べなさい．

① 私の祖父は君より切手を持っているよ．

de　plus　toi　a　que　timbres　grand-père

Mon _____.

② これはこの店で一番安いコートだ．

moins　magasin　de　cher　ce　le

C'est le manteau _____.

否定表現		
ne (n') ～ plus	もはや～ない	Elle **n'**a **plus** d'argent.
ne (n') ～ personne	誰も～ない	Il **n'**y a **personne** dans la classe.
		Personne n'est venu.
ne (n') ～ rien	何も～ない	Julie **ne** mange **rien**.
		Rien n'a changé.
ne (n') ～ jamais	決して [一度も] ～ない	Je **ne** suis **jamais** allé au Canada.
ne (n') ～ que (qu')...	…しか～ない	Je **n'**ai **que** dix euros. (限定表現)

dialogue
À Strasbourg

ケンとジュリーはストラスブールの中心部に来ました．二人は大聖堂を見て感嘆してから，食事をします．

45 Ken : Que cette cathédrale est extraordinaire !

 Julie : Oui, elle est très belle !

 Ken : C'est la plus haute cathédrale de France ?

 Julie : Non, c'est celle de Rouen, mais je préfère celle-ci.

 Ken : La ville a l'air différente de Paris, je crois.

 Julie : Bien sûr, ici nous sommes en Alsace, qui a fait partie de l'Allemagne à la fin du dix-neuvième siècle, jusqu'en 1918.

 Ken : C'est intéressant ! Et maintenant, on va au quartier de la Petite France ?

 Julie : Oui… mais j'ai faim.

 Ken : D'accord. Entrons dans ce restaurant.

* * * * * * * * * * * * * *

 Julie : C'est délicieux, cette choucroute.

 Ken : Ma tarte flambée aussi est très bonne.

 Julie : Dis donc, j'ai une bonne nouvelle pour toi. Je vais au Japon dans un mois pour un stage.

 Ken : C'est super !

 Julie : Oui, nous pourrons nous voir encore au Japon.

notes

1. Que ～ !：「なんと～なんだろう！」 p.22 参照.
2. a l'air différente :「違う感じがする」 avoir l'air ＋形容詞「～ようだ」 形容詞は主語 La ville の性・数に合わせて，e をつけます.
3. a fait partie de l'Allemagne :「ドイツに属していた」 faire partie de (d') ～「～に属している」
4. quartier de la Petite France :「プティット・フランス地区」 世界遺産に登録されています.
5. choucroute :「シュークルート」 アルザス地方の郷土料理 p.34 参照.
6. tarte flambée :「タルト・フランベ」 アルザス地方の郷土料理

 聞 き 取 り 問 題

46 **1.** 音声を聞いて，適切な語を選びなさい.

① Elle est la (meilleur　meilleure　meilleures) étudiante de la classe.

② Nathalie est aussi (bon　bonne　bons) que Julie en japonais.

③ Ken a fait (aussi　autant　aucun) de fautes que Paula à la dictée.

47 **2.** 音声を聞いて，適切な語句を選びなさい.

① Des quatre saisons, j'aime (le mieux　la mieux　la meilleure) l'automne.

② Marie a (le plus d'　le plus de　la plus d') argent de sa famille.

③ Ce vin est (le meilleur　la meilleure　le mieux) de notre cave.

48 **3.** 音声を聞いて，文を完成させなさい.

① Ken skie _____ Julie.

② Le printemps est _____ à Paris.

Leçon 10

フランス語検定 4 級受験のために

1. 【 名詞の前につける冠詞，所有・指示形容詞などを問う問題 】

次の(1)〜(4)の（　　）内に入れるのに最も適切なものを，下の①〜⑥のなかから 1 つずつ選び，
その番号を記入してください．ただし，同じものを複数回用いることはできません．

(1) Julie retournera à Tokyo (　　　) semaine prochaine.

(2) Je voudrais manger (　　　) poisson.

(3) On a rendez-vous (　　　) aéroport.

(4) Vous venez (　　　) États-Unis ?

        ① à l'　　② des　　③ de l'　　④ la　　⑤ un　　⑥ du

2. 【 質問文に対する応答の文を選ぶ問題 】

次の(1)〜(4)の A と B の対話を完成させてください．B の下線部に入れるのに最も適切なものを，
それぞれ①〜③のなかから 1 つずつ選び，その番号を記入してください．

(1) A : Bonjour madame, vous désirez ?
    B : _____
    A : Et avec ça ?

      ① Je prends deux baguettes.
      ② Je n'aime pas le fromage.
      ③ Je veux prendre un taxi.

(2) A : Je vais aller en France demain.
    B : _____
    A : Peut-être pour une semaine.

      ① Depuis combien de temps ?
      ② Quand pars-tu ?
      ③ Pour combien de temps ?

(3) A : J'ai vu Éric hier.
    B : _____
    A : Oui, il est là depuis trois jours.

      ① Il va mieux maintenant ?
      ② Ah bon ? Il est revenu ?
      ③ Tu l'as trouvé comment ?

(4) A : Demain, c'est l'anniversaire de Léa.
    B : _____
    A : Je lui ai acheté un parfum.

      ① Qu'est-ce que tu lui prêtes ?
      ② Qu'est-ce qu'elle fait ?
      ③ Qu'est-ce que tu lui offres ?

3.【 動詞の活用形を問う問題 】

次の日本語の文(1)〜(5)の下には，それぞれ対応するフランス語の文が記されています．（　　）内に入れるのに最も適切なものを，それぞれ①〜③のなかから1つずつ選び，その番号を記入してください．

(1)　私たちは昨日パリに着きました．

　　　Nous (　　　) à Paris hier.

　　　　　① arrivons　　　② arriverons　　　③ sommes arrivés

(2)　こわがらないで．

　　　N' (　　　) pas peur.

　　　　　① aie　　　　　② as　　　　　③ auras

(3)　姉は音楽を聞きながら料理をします．

　　　Ma sœur fait la cuisine en (　　　) de la musique.

　　　　　① écoutant　　　② écoutent　　　③ écoutons

(4)　祖母は若いころスポーツをしていました．

　　　Notre grand-mère (　　　) du sport quand elle était jeune.

　　　　　① fait　　　　② faisait　　　③ fera

(5)　夕食までに宿題を終えなさいね．

　　　Tu (　　　) tes devoirs avant le dîner.

　　　　　① finiras　　　② finissais　　　③ finit

4.【 語順を問う問題 】

次の(1)〜(4)において，それぞれ①〜④をすべて用いて文を完成したときに，（　　　）内に入るのはどれですか．その番号を記入してください．

(1)　Tu connais ＿＿＿＿＿ ＿＿＿＿＿ (　　　　　) ＿＿＿＿＿ la ville ?

　　　　① de　　　　　② restaurant　　　③ le　　　　④ meilleur

(2)　Il ＿＿＿＿＿ ＿＿＿＿＿ (　　　　) ＿＿＿＿＿ en train.

　　　　① faut　　　　② d'une　　　　③ plus　　　　④ heure

(3)　Ma ＿＿＿＿＿ ＿＿＿＿＿ (　　　　) ＿＿＿＿＿ à l'école.

　　　　① nous　　　　② chercher　　　③ mère　　　　④ vient

(4)　Je vais acheter ＿＿＿＿＿ ＿＿＿＿＿ (　　　　) ＿＿＿＿＿.

　　　　① grande　　　② bleue　　　　③ une　　　　④ valise

5.【前置詞を問う問題】

次の(1)〜(5)の(　　　)内に入れるのに最も適切なものを，下の①〜③のなかから1つずつ選び，その番号を記入してください.

(1) Je connais cette dame (　　) longtemps.
　　① depuis　　　② derrière　　　③ devant

(2) Nous sommes rentrés (　　) minuit.
　　① dans　　　② par　　　③ vers

(3) Tu vas voyager (　　) qui ?
　　① de　　　② avec　　　③ sur

(4) Qu'est-ce qu'elle achète (　　) son fils ?
　　① dans　　　② pour　　　③ sous

(5) Michel va à l'école (　　) pied.
　　① à　　　② de　　　③ par

6.【会話文の理解を問う問題】

シャンタルとロジェの会話を読み，下の(1)〜(6)について，会話の内容と一致する場合は○を，一致しない場合は × をつけてください.

Roger : Qu'est-ce que tu veux faire dimanche prochain ?

Chantal : Si on allait au cinéma ?

Roger : Je n'en ai pas tellement envie. En ce moment il n'y a pas de films intéressants.

Chantal : Alors, tu as une idée ?

Roger : Après les examens, je veux prendre l'air à la campagne.

Chantal : Où ça ?

Roger : Au village des moulins. On pourra y aller en vélo.

Chantal : Bonne idée ! C'est agréable de se promener et de faire un pique-nique au bord de la rivière. Mais d'après la météo, il ne fera pas beau ce week-end.

Roger : On verra. La météo se trompe souvent.

Chantal : Alors, espérons qu'il ne pleuvra pas.

ヒント ▶ prendre l'air「新鮮な空気を吸う」

(1) シャンタルとロジェは今度の週末の予定を話し合った.

(2) シャンタルはコンサートに行こうと誘った.

(3) ロジェは海辺で新鮮な空気を吸いたいと言った.

(4) シャンタルとロジェは自転車で田舎に行くことにした.

(5) シャンタルとロジェは川べりでピクニックをすることにした.

(6) 天気予報では週末は雨になるため，結局シャンタルとロジェは予定を変更した.

49 **7.【 文に対応する絵を選ぶ問題 】**

フランス語の文(1)〜(4)を，それぞれ 3 回ずつ聞いてください．それぞれの文に最もふさわしい
絵を，下の①〜⑥のなかから選んでください．

　(1) (　　　　)　　(2) (　　　　)　　(3) (　　　　)　　(4) (　　　　)

50 **8.【 質問文に対する応答の文を選ぶ問題 】**

フランス語の文(1)〜(4)を，それぞれ 3 回ずつ聞いてください．(1)〜(4)の質問に対する応答とし
て適切なものを，それぞれ①，②から選んでください．

(1)　① Non, pas très bien.　　　　　　② Oui, je me suis réveillé la nuit.

(2)　① Oui, ça fait longtemps.　　　　② Non, c'est près d'ici.

(3)　① J'ai mal à la tête.　　　　　　② J'ai quinze ans.

(4)　① Du vin blanc.　　　　　　　② Du sorbet.

51 **9.【 数字の聞きとり 】**

フランス語の文(1)〜(5)を，それぞれ 3 回ずつ聞いてください．どの文にも必ず数字が含まれて
います．その数字を解答欄に記入してください．

(1) (　　　　)　　(2) (　　　　)　　(3) (　　　　)　　(4) (　　　　)　　(5) (　　　　)

Leçon 11

Meilleurs vœux !
Joyeux Noël et bonne année !

基本文法

関係代名詞

関係代名詞は名詞を修飾する節を作る役割をします.

① **qui** は修飾される名詞が動詞の主語のときに使います.

$$\boxed{名詞} + \boxed{qui} + \boxed{動詞}$$

L'homme **qui** regarde la télé est Pierre.　　テレビを見ている男性はピエールです.
　名詞　　　　　動詞

② **que** は修飾される名詞が動詞の直接目的語のときに使います.

$$\boxed{名詞} + \boxed{que\ (qu')} + \boxed{主語} + \boxed{動詞}$$

C'est une chanson **que** nous aimons.　　これは私たちが好きな歌です.
　　　名詞　　　　　主語　動詞

③ **dont** は修飾される名詞が de (d') をともなって主語や動詞と関係するときに使います.

$$\boxed{名詞} + \boxed{dont} + \boxed{主語} + \boxed{動詞}$$

C'est le film français **dont** on parle beaucoup.　　これが話題のフランス映画です.
　　　名詞　　　　　　主語 動詞　　　ヒント▶ parler de ce film「この映画について話す」

C'est un film français **dont** la fin est heureuse.　　これはハッピーエンドのフランス映画です.
　　　名詞　　　　　　主語 動詞　　　　ヒント▶ la fin de ce film「この映画の結末」

④ **où** は修飾される名詞が「いつ」あるいは「どこ」を表すときに使います.

$$\boxed{名詞} + \boxed{où} + \boxed{主語} + \boxed{動詞}$$

C'est la ville **où** Julie est née.　　それはジュリーが生まれた町です.
　　　名詞　　　主語　動詞

Je n'oublierai jamais le jour **où** j' ai rencontré Julie.
　　　　　　　　　　　名詞　　　主語　　動詞

ぼくはジュリーと出会った日のことを決して忘れないよ.

 練 習 問 題

1. 日本語に合わせて，適切な関係代名詞を選びなさい.

① 私は，君たちが大好きなそのワインを飲むよ.

Je vais goûter ce vin (que   qui   où) vous aimez beaucoup.

② パリに行くその列車に乗ってください.

Prenez ce train (qui   dont   où) va à Paris.

③ 彼は，自分の財布を忘れたそのカフェに戻ります.

Il revient au café (où   dont   qu') il a oublié son portefeuille.

④ 彼は私の家に，とても自慢に思っている息子と一緒に来ます.

Il vient chez moi avec son fils (dont   où   qu') il est si fier.

ヒント▶ être fier de (d') ～ 「～を自慢に思う」

2. 日本語に合わせて，適切な関係代名詞 (qui, que, dont, où) を入れなさい.

① 赤い帽子をかぶった女の人はジュリーのお母さんです.

La dame (   ) porte un chapeau rouge est la mère de Julie.

② これが私たちが待ち合わせをしているカフェです.

Voici le café (   ) nous avons rendez-vous.

③ 私には，父親が弁護士をしている友だちがいます.

J'ai un ami (   ) le père est avocat.

④ あれが半年前に訪れた城です.

Voilà le château (   ) j'ai visité il y a six mois.

Carte de vœux de fin d'année

クリスマスカードを書いてみましょう.
E メールで送る場合と紙のカードで送る場合の書き方を見てみましょう.

✉ Envoyer	✉ Répondre	🖶 Imprimer	🗑 supprimer

À : julielescaut@francemai.fr
Cc :
Objet : Meilleurs vœux !

Chère Julie,

Joyeux Noël et bonne année !

Je t'adresse tous mes meilleurs vœux pour cette nouvelle année. J'espère qu'elle t'apportera bonheur et santé.

Transmets mes vœux à ta famille.

Je t'embrasse.

Ken

Tokyo, le 20 décembre 2019

Chère Julie,

Joyeux Noël et bonne année !

Je te présente tous mes meilleurs vœux de bonheur et de santé pour la nouvelle année. J'espère que l'année 2020 t'apportera beaucoup de bonheur et de joie.

J'étais content d'être avec toi cet été en France.

Avec toutes mes amitiés.

Ken

notes

1. objet :「件名」
2. Meilleurs vœux !:「おめでとうございます！」
3. Chère Julie :「親愛なるジュリー」手紙の書き出しです. 相手が男性の場合は, Cher ～です.
4. Joyeux Noël et bonne année !:「楽しいクリスマスとよいお年を！」
5. Transmets mes vœux à ta famille. :「家族のみなさんにもよろしくね.」
6. Tokyo, le 20 décembre 2019 :「2019 年 12 月 20 日　東京にて」カードの場合は, 場所と日付を右上に書きます.

variations

· Je vous adresse tous mes meilleurs vœux de bonheur et de santé pour la nouvelle année.
「新年のお幸せとご健康をお祈りします.」
· Je vous souhaite un joyeux Noël et une très heureuse année 20XX.
「楽しいクリスマスと 20××年のお幸せをお祈りします.」
· Que la nouvelle année vous apporte réussite et bonheur !
「新しい年があなたに成功と幸せをもたらしますように！」

＊（間接目的語に）vous を用いて，丁寧な書き方の例を挙げています.

· Bien amicalement. 「敬具」

 部 分 書 き 取 り 問 題

次の会話文の①〜⑤の部分を，音声を聞いて書き取りなさい．1 回目は，全体を通して読みます.
2 回目はポーズをおいてゆっくり読みます.

54 **1. カフェの会話**

Yoko : Monsieur, s'il vous plaît.

Le serveur : Oui. (①   )... Bonjour mademoiselle. (②   ) ?

Yoko : J'ai (③   ). Je voudrais un jus d'orange.

Le serveur : Très bien. (④   ) ?

Yoko : C'est tout.

Le serveur : Voilà votre jus d'orange. (⑤   ) sept euros.

Yoko : D'accord.

55 **2. 道順をきく会話**

Ken : Pardon, madame.

La dame : Oui, monsieur.

Ken : La gare de Lyon, (①   ) ?

La dame : Oh, c'est un peu (②   ). Vous y allez à pied ?

Ken : Oui, j'aime (③   ) marcher.

La dame : Alors, allez tout droit jusqu'au cinquième carrefour et là tournez à gauche. Ensuite, prenez la troisième rue (④   ) et traversez le grand pont. La gare est juste devant vous.

Ken : Ça prend combien de temps ?

La dame : (⑤   ) une demi-heure.

Ken : J'y vais en métro !

La dame : C'est mieux pour vous, je crois.

Leçon 12

Je veux que vous arriviez demain matin, avant dix heures.
Ken est content que Julie aille en Alsace avec lui.

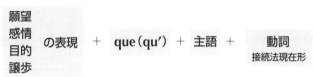

接続法現在

que (qu') で始まる節が，①**願望・必要**，②**感情**，③**目的**，④**譲歩**などの内容を表しているときに使います．

| 願望
感情
目的
譲歩 | の表現 | + | **que (qu')** | + | 主語 | + | 動詞
接続法現在形 |

arriver 「到着する」（-er 動詞）

j'	**arrive**	nous	**arrivions**
tu	**arrives**	vous	**arriviez**
il	**arrive**	ils	**arrivent**
elle	**arrive**	elles	**arrivent**

aller 「行く」

j'	**aille**	nous	**allions**
tu	**ailles**	vous	**alliez**
il	**aille**	ils	**aillent**
elle	**aille**	elles	**aillent**

être 「～である」「いる」

je	**sois**	nous	**soyons**
tu	**sois**	vous	**soyez**
il	**soit**	ils	**soient**
elle	**soit**	elles	**soient**

avoir 「もつ」

j'	**aie**	nous	**ayons**
tu	**aies**	vous	**ayez**
il	**ait**	ils	**aient**
elle	**ait**	elles	**aient**

① **願望・必要**の表現

Je **veux que** vous **arriviez** demain matin, avant dix heures.
Il **faut qu'**ils **aient** de la patience.

② **感情**の表現

Ken est **content que** Julie **aille** en Alsace avec lui.

③ **目的**（「～するために」）の表現

Reste au lit **pour que** les médicaments **soient** efficaces.

④ **譲歩**（「～にもかかわらず」）の表現

Bien qu'elle **soit** fatiguée, elle continue à marcher.

 練 習 問 題

1. 動詞 rentrer, venir の接続法現在形を書きなさい.　ヒント▶ 下の「接続法現在形の作り方（原則）」を参照.

① **rentrer**

je	_____	nous	_____
tu	_____	vous	_____
il	_____	ils	_____
elle	_____	elles	_____

② **venir**

je	_____	nous	_____
tu	_____	vous	_____
il	_____	ils	_____
elle	_____	elles	_____

2. 適切な活用形を選びなさい.

① Il faut que nous (allons　aillent　allions) à l'agence de voyages.

② Je suis désolé que mes amis (soient　soit　sont) en retard.

③ Elle veut que vous (rentrez　rentriez　rentreriez) tout de suite.

④ Nicolas fait des efforts pour que son œuvre (ait　avait　aurait) un grand succès.

3. (　　) の動詞を接続法現在形にして書き，和訳しなさい.

Nous avons envie que vous _____ chez nous demain soir. (venir)

和訳 _____

接続法現在形の作り方（原則）

直説法現在の ils の活用形から ent を取ります．それを語幹として，主語が je, tu, il, elle, ils, elles のときは，-er 動詞の直説法現在形と同じ語尾をつけます．動詞によって語幹が変わるものもありますが（venir, devoir など），主語が nous, vous のときは，直説法半過去形と同じ語尾をつけます．

finir	:	ils **finiss**~~ent~~	→	je **finisse**	nous **finissions**
venir	:	ils **vienn**~~ent~~	→	je **vienne**	nous **venions**
devoir	:	ils **doiv**~~ent~~	→	je **doive**	nous **devions**

Présentez-vous en français.

フランス語で自己紹介するための文章を作ってみましょう.

Ken :

Je m'appelle Ken Yoshida.

J'ai 20 (vingt) ans.

Je suis japonais.

J'habite seul à Tokyo.

Je suis étudiant à l'Université M.

J'aime visiter les musées.

Julie :

Je m'appelle Julie Lescaut.

J'ai 21 (vingt et un) ans.

Je suis française.

J'habite à Paris, avec mes parents.

Je travaille dans une agence de voyages.

J'aime faire du vélo.

Vous :

(名前)　Je m'appelle ＿＿＿＿＿＿＿＿＿＿＿＿＿＿ .

(年齢)　J'ai ＿＿＿＿＿＿＿＿＿＿＿＿＿＿＿ ans.

(国籍)　Je suis ＿＿＿＿＿＿＿＿＿＿＿＿＿＿ .

(居住地，同居者)

　　　　J'habite ＿＿＿＿＿＿＿＿＿＿＿＿＿＿＿＿＿＿＿＿ .

(職業)　Je suis ＿＿＿＿＿＿＿＿＿＿＿＿＿＿＿＿＿＿＿ .

(趣味)　J'aime ＿＿＿＿＿＿＿＿＿＿＿＿＿＿＿＿＿＿＿＿ .

notes

国籍	Je suis 国籍.
	japonais(e)　chinois(e)　coréen(ne)

居住地　J'habite au ／ en ＋国名.　　　au Japon　　　en Chine　　　en Corée
　　　　　　　　à ＋都市名　　　　　à Tokyo　　　à Pékin　　　à Séoul

同居者について
　　　　J'habite seul(e).　「一人住まいである.」
　　　　J'habite avec (または chez) mes parents. / avec un(e) ami(e).

家族構成について
　　　　Nous sommes 家族数 chez nous.

職業　Je suis 職業名.
　　　　étudiant(e)　employé(e)　serveur(se)　vendeur(se)
　　　　pâtissier(ère)　musicien(ne)　styliste　journaliste　professeur(e)

趣味　J'aime 動詞原形〜. ／名詞.
　　　　regarder les matchs de foot　écouter de la musique　prendre des photos
　　　　faire du sport　faire du vélo　faire des jeux vidéo　faire la cuisine
　　　　faire des gâteaux　aller au karaoké　aller au théâtre　aller au cinéma
　　　　la peinture　la pêche　la lecture

 部 分 聞 き 取 り 問 題

次の会話文の①〜⑤の部分を，音声を聞いて書き取りなさい．1回目は，全体を通して読みます．
2回目はポーズをおいてゆっくり読みます．

59 **1.** デパートの店員とケンの会話

Une vendeuse : Bonjour, monsieur. Je peux vous aider ?

Ken : Oui. Euh... je (①   ) acheter une écharpe.

C'est pour ma mère.

La vendeuse : Très bien. Elle a quel âge ?

Ken : Elle a (②   ) ans.

La vendeuse : Alors, je vous propose trois (③   ) : l'orange,

la violette et la bleue.

Ken : Bon, je prends la violette. Elle lui ira très bien.

C'est (④   ) ?

La vendeuse : Cinquante euros, monsieur.

Ken : Pouvez-vous me faire un paquet-cadeau ?

La vendeuse : Oui, (⑤   ).

60 **2.** ジュリーとエリックの会話

Julie : Tu peux venir chez moi dimanche soir ?

Éric : Dimanche ? Oui, pas de (①   ). Je travaillerai jusqu'à midi,

mais après, je (②   ) tout à fait libre. Mais pourquoi ?

Julie : Parce que c'est mon anniversaire. On va faire une fête.

Éric : Félicitations ! Ken viendra, lui aussi ?

Julie : Oui. Je lui ai déjà téléphoné hier.

Éric : Je ne l'ai pas vu (③   ) longtemps. Comment va-t-il ?

Julie : Il va très bien. Il profite bien de son séjour à Paris. D'ailleurs, il a fait

(④   ) progrès en français.

Éric : Tant (⑤   ) pour lui.

Julie : Bon. Alors dimanche vers dix-sept heures.

Éric : Entendu. À dimanche.

【直説法大過去】

過去のある時点までに完了している行為や出来事を表します.

主語 ＋ avoir être の直説法半過去形 ＋ 過去分詞

* 直説法半過去 p.16 参照.

<u>avoir と être の使い分け</u>：直説法複合過去のときと同じです.

*être が用いられる場合，主語の性・数に合わせて過去分詞に e, s をつけます.
直説法複合過去 p.12 参照.

acheter「買う」

j'	avais acheté	nous	avions	acheté
tu	avais acheté	vous	aviez	acheté
il	avait acheté	ils	avaient	acheté
elle	avait acheté	elles	avaient	acheté

partir「出発する」

j'	étais parti(e)	nous	étions	parti(e)s
tu	étais parti(e)	vous	étiez	parti(e)(s)
il	était parti	ils	étaient	partis
elle	était partie	elles	étaient	parties

Je lui ai donné le sac que j'**avais acheté** à Paris.
Quand Julie est arrivée à la gare, le train **était** déjà **parti**.

【非人称構文】

時刻や天候の表現，提示表現 (il y a ...) などの他にも，数多くの非人称構文があります.

1. Il ＋ **être** ＋形容詞＋ **de (d')** ＋動詞の原形
＋ **que (qu')** ＋主語＋動詞

Il est difficile de trouver la solution de ce problème.
この問題の解決策を見つけるのは難しいです.
Il est important que tu partages* nos idées.
君が私たちと考えをともにすることが重要です.
Il est possible qu'il neige* ce soir.　今晩は雪になるかもしれません.

* 接続法現在 p.60 参照.

2. Il ＋非人称動詞＋動詞の原形
＋ **que (qu')** ＋主語＋動詞
＋名詞

Il vaut mieux partir tout de suite.　　すぐに出発したほうがいいです.
Il faut que tu ailles* à la banque.　君は銀行に行かなければいけません.

* 接続法現在 p.60 参照.

Il manque du poivre dans la sauce.　このソースは胡椒がきいていない.
Il reste beaucoup de choses à faire.　しなければならないことがたくさん残っています.

【直説法前未来】

未来のある時点までに完了している行為や出来事を表します.

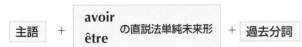

　　　　　　　　　　　　　　　　　　　　* 直説法単純未来 p.20 参照.

avoir と être の使い分け：直説法複合過去のときと同じです.

　　　　　　　　*être が用いられる場合，主語の性・数に合わせて過去分詞に e, s をつけます.
　　　　　　　　直説法複合過去 p.12 参照.

finir「終わる」「終える」				arriver「到着する」			
j'	aurai fini	nous	aurons fini	je	serai arrivé(e)	nous	serons arrivé(e)s
tu	auras fini	vous	aurez fini	tu	seras arrivé(e)	vous	serez arrivé(e)(s)
il	aura fini	ils	auront fini	il	sera arrivé	ils	seront arrivés
elle	aura fini	elles	auront fini	elle	sera arrivée	elles	seront arrivées

Tu me téléphoneras tout de suite, quand tu **auras fini** ton cours.

Julie **sera arrivée** à la gare avant 22 heures.

【過去分詞の一致について】

1. 助動詞 être ＋過去分詞　⇒　主語の性・数に合わせて **e, s** をつけます.

　　Elles sont all**es** en France l'année dernière.

　　Julie est aim**ée** de tout le monde.　* 受動態 p.40 参照.

2. 助動詞 avoir ＋過去分詞　⇒　直接目的語が過去分詞より前に置かれるとき，その直接目的
　　　　　　　　　　　　　　　　語の性・数に合わせて **e, s** をつけます.

　　Ces livres, je les ai achet**és** à la FNAC.　* 目的語代名詞 p.14 参照.

　　Voilà la montre que Julie m'a offert**e** pour mon anniversaire.　* 関係代名詞 p.56 参照.

　　Quelle route a-t-il pris**e** pour aller à Rennes ?

3. 代名動詞　⇒　再帰代名詞（se）が直接目的語と見なされるときは，その再帰代名詞の性・数
　　　　　　　　　に合わせて **e, s** をつけます.　* 代名動詞の直説法複合過去 p.44 参照.

　　Hier, Léa et Sophie se sont couch**ées** vers minuit.

動詞の法（mode）と時制（temps）について

法（mode）

話し手は情報をどのように伝えるかに応じて動詞の形を変えます．このような動詞の形の変化のことを法といいます．

1. **直説法（indicatif）**：話し手が動作・状態などを現実のものとしてありのままに表す法．現在・過去・未来を示す8つの時制にまたがります．

2. **条件法（conditionnel）**：非現実の動作・状態を仮定して伝える法．さらに，語気を和らげたり推測を表したりします．

3. **接続法（subjonctif）**：話し手の頭の中で考えられた動作・状態を主観的・感情的に表す法．ほとんどの場合，que で導かれる節で使われます．

4. **命令法（impératif）**：話し手が命令・勧誘の意味を伝える法．tu, nous, vous に対してのみ使われます．

時制（temps）

文中の動詞の時間的関係を表すのが時制です．以下は，直説法に属している時制の一覧表です．parler「話す」の il を主語にした活用形を例とします．

単純時制	現在 il parle	半過去 il parlait	単純未来 il parlera	単純過去 * il parla
複合時制 （助動詞 avoir / être ＋過去分詞）	複合過去 （現在＋過去分詞） il a parlé	大過去 （半過去＋過去分詞） il avait parlé	前未来 （単純未来＋過去分詞） il aura parlé	前過去 * （単純過去＋過去分詞） il eut parlé

＊単純過去と前過去は書き言葉のみで使われます．

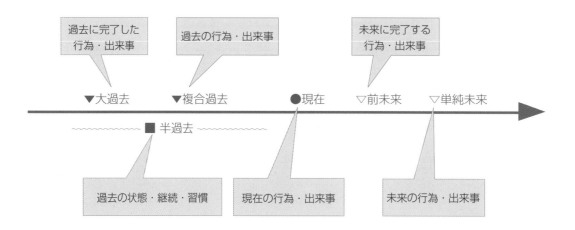

1. acheter (第一群規則動詞 特殊形)		17. finir (第二群規則動詞)	
2. aimer (第一群規則動詞)		18. lire	
3. aller		19. manger (第一群規則動詞 特殊形)	
4. attendre		20. mettre	
5. avoir		21. ouvrir	
6. boire		22. partir	
7. commencer (第一群規則動詞 特殊形)		23. pleuvoir	
8. connaître		24. pouvoir	
9. croire		25. prendre	
10. devoir		26. recevoir	
11. dire		27. rire	
12. dormir		28. savoir	
13. écrire		29. se coucher (代名動詞)	
14. être		30. venir	
15. faire		31. voir	
16. falloir		32. vouloir	

直説法現在形の語尾変化のグループ分け早見表

主語	① -e 型 (-er 動詞)	② -s/t 型 (-ir 動詞・-re 動詞の一部)	③ -s/- 型 (-re 動詞)	④ -x 型 (vouloir/pouvoir/valoir)
je	− e [−]	− s [−]	− s [−]	− x [−]
tu	− es [−]	− s [−]	− s [−]	− x [−]
il/elle	− e [−]	− t [−]	− [−]	− t [−]
nous	−ons [オン]			
vous	−ez [エ]			
ils/elles	−ent [−]			

＊ avoir, être, aller, faire, dire は，例外の箇所があります．

原形 [現在分詞 / 過去分詞]	直説法		
	現在	半過去	単純未来
① **acheter** 「買う」 *achetant* *acheté*	j'achète tu achètes il achète nous achetons vous achetez ils achètent	j'achetais tu achetais il achetait nous achetions vous achetiez ils achetaient	j'achèterai tu achèteras il achètera nous achèterons vous achèterez ils achèteront
② **aimer** 「好きである」 *aimant* *aimé*	j'aime tu aimes il aime nous aimons vous aimez ils aiment	j'aimais tu aimais il aimait nous aimions vous aimiez ils aimaient	j'aimerai tu aimeras il aimera nous aimerons vous aimerez ils aimeront
③ **aller** 「行く」 *allant* *allé*	je vais tu vas il va nous allons vous allez ils vont	j'allais tu allais il allait nous allions vous alliez ils allaient	j'irai tu iras il ira nous irons vous irez ils iront
④ **attendre** 「待つ」 *attendant* *attendu*	j'attends tu attends il attend nous attendons vous attendez ils attendent	j'attendais tu attendais il attendait nous attendions vous attendiez ils attendaient	j'attendrai tu attendras il attendra nous attendrons vous attendrez ils attendront
⑤ **avoir** 「持つ」 *ayant* *eu*	j'ai tu as il a nous avons vous avez ils ont	j'avais tu avais il avait nous avions vous aviez ils avaient	j'aurai tu auras il aura nous aurons vous aurez ils auront
⑥ **boire** 「飲む」 *buvant* *bu*	je bois tu bois il boit nous buvons vous buvez ils boivent	je buvais tu buvais il buvait nous buvions vous buviez ils buvaient	je boirai tu boiras il boira nous boirons vous boirez ils boiront
⑦ **commencer** 「始める」 *commençant* *commencé*	je commence tu commences il commence nous commençons vous commencez ils commencent	je commençais tu commençais il commençait nous commencions vous commenciez ils commençaient	je commencerai tu commenceras il commencera nous commencerons vous commencerez ils commenceront
⑧ **connaître** 「知っている」 *connaissant* *connu*	je connais tu connais il connaît nous connaissons vous connaissez ils connaissent	je connaissais tu connaissais il connaissait nous connaissions vous connaissiez ils connaissaient	je connaîtrai tu connaîtras il connaîtra nous connaîtrons vous connaîtrez ils connaîtront

条件法	接続法	命令法	同型の動詞
現在	現在		
j'achèterais tu achèterais il achèterait nous achèterions vous achèteriez ils achèteraient	j'achète tu achètes il achète nous achetions vous achetiez ils achètent	achète achetons achetez	*lever*「起こす」 *promener*「散歩させる」
j'aimerais tu aimerais il aimerait nous aimerions vous aimeriez ils aimeraient	j'aime tu aimes il aime nous aimions vous aimiez ils aiment	aime aimons aimez	
j'irais tu irais il irait nous irions vous iriez ils iraient	j'aille tu ailles il aille nous allions vous alliez ils aillent	va allons allez	
j'attendrais tu attendrais il attendrait nous attendrions vous attendriez ils attendraient	j'attende tu attendes il attende nous attendions vous attendiez ils attendent	attends attendons attendez	*descendre*「降りる」 *entendre*「聞こえる」 *perdre*「失う」 *rendre*「返す」 *répondre*「答える」 *vendre*「売る」
j'aurais tu aurais il aurait nous aurions vous auriez ils auraient	j'aie tu aies il ait nous ayons vous ayez ils aient	aie ayons ayez	
je boirais tu boirais il boirait nous boirions vous boiriez ils boiraient	je boive tu boives il boive nous buvions vous buviez ils boivent	bois buvons buvez	
je commencerais tu commencerais il commencerait nous commencerions vous commenceriez ils commenceraient	je commence tu commences il commence nous commencions vous commenciez ils commencent	commence commençons commencez	*avancer*「進める」 *lancer*「投げる」 *placer*「置く」 *prononcer*「発音する」 *renoncer*「諦める」
je connaîtrais tu connaîtrais il connaîtrait nous connaîtrions vous connaîtriez ils connaîtraient	je connaisse tu connaisses il connaisse nous connaissions vous connaissiez ils connaissent	connais connaissons connaissez	*apparaître*「現れる」 *disparaître* 　　「見えなくなる」 *paraître*「姿を見せる」 *reconnaître*「見分ける」

原形 [現在分詞 / 過去分詞]	直説法		
	現在	半過去	単純未来
⑨ **croire** 「信じる」「思う」 *croyant* *cru*	je crois tu crois il croit nous croyons vous croyez ils croient	je croyais tu croyais il croyait nous croyions vous croyiez ils croyaient	je croirai tu croiras il croira nous croirons vous croirez ils croiront
⑩ **devoir** 「〜しなければならない」 *devant* *dû, due, dus, dues*	je dois tu dois il doit nous devons vous devez ils doivent	je devais tu devais il devait nous devions vous deviez ils devaient	je devrai tu devras il devra nous devrons vous devrez ils devront
⑪ **dire** 「言う」 *disant* *dit*	je dis tu dis il dit nous disons vous dites ils disent	je disais tu disais il disait nous disions vous disiez ils disaient	je dirai tu diras il dira nous dirons vous direz ils diront
⑫ **dormir** 「眠る」 *dormant* *dormi*	je dors tu dors il dort nous dormons vous dormez ils dorment	je dormais tu dormais il dormait nous dormions vous dormiez ils dormaient	je dormirai tu dormiras il dormira nous dormirons vous dormirez ils dormiront
⑬ **écrire** 「書く」 *écrivant* *écrit*	j'écris tu écris il écrit nous écrivons vous écrivez ils écrivent	j'écrivais tu écrivais il écrivait nous écrivions vous écriviez ils écrivaient	j'écrirai tu écriras il écrira nous écrirons vous écrirez ils écriront
⑭ **être** 「〜である」「いる」 *étant* *été*	je suis tu es il est nous sommes vous êtes ils sont	j'étais tu étais il était nous étions vous étiez ils étaient	je serai tu seras il sera nous serons vous serez ils seront
⑮ **faire** 「つくる」「する」 *faisant* *fait*	je fais tu fais il fait nous faisons vous faites ils font	je faisais tu faisais il faisait nous faisions vous faisiez ils faisaient	je ferai tu feras il fera nous ferons vous ferez ils feront
⑯ **falloir** 「必要である」 「〜しなければならない」 *fallu*	il faut	il fallait	il faudra

条件法	接続法	命令法	同型の動詞
現在	現在		
je croirais tu croirais il croirait nous croirions vous croiriez ils croiraient	je croie tu croies il croie nous croyions vous croyiez ils croient	crois croyons croyez	
je devrais tu devrais il devrait nous devrions vous devriez ils devraient	je doive tu doives il doive nous devions vous deviez ils doivent	dois devons devez	
je dirais tu dirais il dirait nous dirions vous diriez ils diraient	je dise tu dises il dise nous disions vous disiez ils disent	dis disons dites	*redire*「何度も言う」
je dormirais tu dormirais il dormirait nous dormirions vous dormiriez ils dormiraient	je dorme tu dormes il dorme nous dormions vous dormiez ils dorment	dors dormons dormez	*endormir*「眠らせる」
j'écrirais tu écrirais il écrirait nous écririons vous écririez ils écriraient	j'écrive tu écrives il écrive nous écrivions vous écriviez ils écrivent	écris écrivons écrivez	*décrire*「描写する」 *inscrire*「登録する」
je serais tu serais il serait nous serions vous seriez ils seraient	je sois tu sois il soit nous soyons vous soyez ils soient	sois soyons soyez	
je ferais tu ferais il ferait nous ferions vous feriez ils feraient	je fasse tu fasses il fasse nous fassions vous fassiez ils fassent	fais faisons faites	*défaire*「差し引く」 *refaire*「再びする」 *satisfaire*「満足させる」
il faudrait	il faille	なし	

原形 [現在分詞 / 過去分詞]	直説法		
	現在	半過去	単純未来
⑰ **finir** 「終える」「終わる」 *finissant* *fini*	je finis tu finis il finit nous finissons vous finissez ils finissent	je finissais tu finissais il finissait nous finissions vous finissiez ils finissaient	je finirai tu finiras il finira nous finirons vous finirez ils finiront
⑱ **lire** 「読む」 *lisant* *lu*	je lis tu lis il lit nous lisons vous lisez ils lisent	je lisais tu lisais il lisait nous lisions vous lisiez ils lisaient	je lirai tu liras il lira nous lirons vous lirez ils liront
⑲ **manger** 「食べる」 *mangeant* *mangé*	je mange tu manges il mange nous mangeons vous mangez ils mangent	je mangeais tu mangeais il mangeait nous mangions vous mangiez ils mangeaient	je mangerai tu mangeras il mangera nous mangerons vous mangerez ils mangeront
⑳ **mettre** 「置く」 *mettant* *mis*	je mets tu mets il met nous mettons vous mettez ils mettent	je mettais tu mettais il mettait nous mettions vous mettiez ils mettaient	je mettrai tu mettras il mettra nous mettrons vous mettrez ils mettront
㉑ **ouvrir** 「開く」 *ouvrant* *ouvert*	j'ouvre tu ouvres il ouvre nous ouvrons vous ouvrez ils ouvrent	j'ouvrais tu ouvrais il ouvrait nous ouvrions vous ouvriez ils ouvraient	j'ouvrirai tu ouvriras il ouvrira nous ouvrirons vous ouvrirez ils ouvriront
㉒ **partir** 「出発する」 *partant* *parti*	je pars tu pars il part nous partons vous partez ils partent	je partais tu partais il partait nous partions vous partiez ils partaient	je partirai tu partiras il partira nous partirons vous partirez ils partiront
㉓ **pleuvoir** 「雨が降る」 *pleuvant* *plu*	il pleut	il pleuvait	il pleuvra
㉔ **pouvoir** 「できる」 *pouvant* *pu*	je peux [puis] tu peux il peut nous pouvons vous pouvez ils peuvent	je pouvais tu pouvais il pouvait nous pouvions vous pouviez ils pouvaient	je pourrai tu pourras il pourra nous pourrons vous pourrez ils pourront

条件法	接続法	命令法	同型の動詞
現在	現在		
je finirais tu finirais il finirait nous finirions vous finiriez ils finiraient	je finisse tu finisses il finisse nous finissions vous finissiez ils finissent	finis finissons finissez	
je lirais tu lirais il lirait nous lirions vous liriez ils liraient	je lise tu lises il lise nous lisions vous lisiez ils lisent	lis lisons lisez	*élire* 「選挙する」 *relire* 「再読する」
je mangerais tu mangerais il mangerait nous mangerions vous mangeriez ils mangeraient	je mange tu manges il mange nous mangions vous mangiez ils mangent	mange mangeons mangez	*arranger* 「整える」 *changer* 「変える」 *engager* 「雇う」 *nager* 「泳ぐ」 *voyager* 「旅行する」
je mettrais tu mettrais il mettrait nous mettrions vous mettriez ils mettraient	je mette tu mettes il mette nous mettions vous mettiez ils mettent	mets mettons mettez	*admettre* 　「(入ることを)許可する」 *permettre* 「許す」 *promettre* 「約束する」 *remettre* 「再び置く」
j'ouvrirais tu ouvrirais il ouvrirait nous ouvririons vous ouvririez ils ouvriraient	j'ouvre tu ouvres il ouvre nous ouvrions vous ouvriez ils ouvrent	ouvre ouvrons ouvrez	*couvrir* 「覆う」 *découvrir* 「発見する」 *offrir* 「贈る」 *souffrir* 「苦しむ」
je partirais tu partirais il partirait nous partirions vous partiriez ils partiraient	je parte tu partes il parte nous partions vous partiez ils partent	pars partons partez	*sentir* 「感じる」 *servir* 「奉仕する」 *sortir* 「外へ出る」
il pleuvrait	il pleuve	なし	
je pourrais tu pourrais il pourrait nous pourrions vous pourriez ils pourraient	je puisse tu puisses il puisse nous puissions vous puissiez ils puissent	なし	

原形 [現在分詞 / 過去分詞]	直説法		
	現在	半過去	単純未来
㉕ **prendre** 「とる」 *prenant* *pris*	je prends tu prends il prend nous prenons vous prenez ils prennent	je prenais tu prenais il prenait nous prenions vous preniez ils prenaient	je prendrai tu prendras il prendra nous prendrons vous prendrez ils prendront
㉖ **recevoir** 「受け取る」 *recevant* *reçu*	je reçois tu reçois il reçoit nous recevons vous recevez ils reçoivent	je recevais tu recevais il recevait nous recevions vous receviez ils recevaient	je recevrai tu recevras il recevra nous recevrons vous recevrez ils recevront
㉗ **rire** 「笑う」 *riant* *ri*	je ris tu ris il rit nous rions vous riez ils rient	je riais tu riais il riait nous riions vous riiez ils riaient	je rirai tu riras il rira nous rirons vous rirez ils riront
㉘ **savoir** 「知っている」 *sachant* *su*	je sais tu sais il sait nous savons vous savez ils savent	je savais tu savais il savait nous savions vous saviez ils savaient	je saurai tu sauras il saura nous saurons vous saurez ils sauront
㉙ **se coucher** 「寝る」 *se couchant* *couché*	je me couche tu te couches il se couche nous nous couchons vous vous couchez ils se couchent	je me couchais tu te couchais il se couchait nous nous couchions vous vous couchiez ils se couchaient	je me coucherai tu te coucheras il se couchera nous nous coucherons vous vous coucherez ils se coucheront
㉚ **venir** 「来る」 *venant* *venu*	je viens tu viens il vient nous venons vous venez ils viennent	je venais tu venais il venait nous venions vous veniez ils venaient	je viendrai tu viendras il viendra nous viendrons vous viendrez ils viendront
㉛ **voir** 「見る」「会う」 *voyant* *vu*	je vois tu vois il voit nous voyons vous voyez ils voient	je voyais tu voyais il voyait nous voyions vous voyiez ils voyaient	je verrai tu verras il verra nous verrons vous verrez ils verront
㉜ **vouloir** 「欲する」 *voulant* *voulu*	je veux tu veux il veut nous voulons vous voulez ils veulent	je voulais tu voulais il voulait nous voulions vous vouliez ils voulaient	je voudrai tu voudras il voudra nous voudrons vous voudrez ils voudront

条件法	接続法	命令法	同型の動詞
現在	現在		
je prendrais tu prendrais il prendrait nous prendrions vous prendriez ils prendraient	je prenne tu prennes il prenne nous prenions vous preniez ils prennent	prends prenons prenez	*apprendre*「学ぶ」 *comprendre*「理解する」 *reprendre*「再び取る」 *surprendre*「驚かせる」
je recevrais tu recevrais il recevrait nous recevrions vous recevriez ils recevraient	je reçoive tu reçoives il reçoive nous recevions vous receviez ils reçoivent	reçois recevons recevez	*apercevoir*「見える」 *concevoir*「分かる」
je rirais tu rirais il rirait nous ririons vous ririez ils riraient	je rie tu ries il rie nous riions vous riiez ils rient	ris rions riez	*sourire*「微笑する」
je saurais tu saurais il saurait nous saurions vous sauriez ils sauraient	je sache tu saches il sache nous sachions vous sachiez ils sachent	sache sachons sachez	
je me coucherais tu te coucherais il se coucherait nous nous coucherions vous vous coucheriez ils se coucheraient	je me couche tu te couches il se couche nous nous couchions vous vous couchiez ils se couchent	couche-toi couchons-nous couchez-vous	
je viendrais tu viendrais il viendrait nous viendrions vous viendriez ils viendraient	je vienne tu viennes il vienne nous venions vous veniez ils viennent	viens venons venez	*devenir*「～になる」 *intervenir*「干渉する」 *prévenir*「予告する」 *revenir*「再び来る」 *(se) souvenir* 　　　「覚えている」
je verrais tu verrais il verrait nous verrions vous verriez ils verraient	je voie tu voies il voie nous voyions vous voyiez ils voient	vois voyons voyez	*revoir*「再会する」
je voudrais tu voudrais il voudrait nous voudrions vous voudriez ils voudraient	je veuille tu veuilles il veuille nous voulions vous vouliez ils veuillent	veux / veuille voulons / veillons voulez / veuillez	

Ⓐ à 　〜に，〜へ，〜用の

accompagner 　同行する

acheter 　買う

act*eur (rice)* 　俳優

act*if (ve)* 　活動的な，活発な

aéroport 　男 空港

âge 　男 年齢

âgé(e) 　年を取った

agence 　女 代理店

agréable 　気持ちの良い，感じの良い

ah bon 　あぁそう

aide 　女 助け

aider 　手伝う，助ける

aimer 　好きである，愛している，〜したい

ajouter 　加える

alcool 　男 アルコール類

aller 　（〜しに）行く，〜するところだ
　　aller bien avec/à 〜 〜と合う

aller-retour 　男 往復切符

allô 　もしもし

alors 　それでは

ami(e) 　友だち

amitié 　女 友情，好意

an 　男 年，歳

anglais(e) 　イギリス人　男 英語
　　イギリス（人）の

année 　女 年，1年間

anniversaire 　男 誕生日

apprécier 　尊敬する，高く評価する

apprendre 　学ぶ

après 　〜の後で，その後

après-demain 　あさって

après-midi 　午後

argent 　男 お金

arriver 　到着する　il arrive 〜 〜が起こる

assez 　かなり，充分

atelier 　男 アトリエ，工房

attendre 　待つ

attention 　女 注意

au revoir 　さようなら

aujourd'hui 　今日

aussi 　〜もまた，同じく

autant 　同じくらい

automne 　男 秋

avant 　〜の前に，以前

avec 　〜とともに，〜を使って

avenir 　男 未来，将来

avion 　男 飛行機

avocat(e) 　弁護士

avoir 　持つ

Ⓑ baguette 　女 バゲット（フランスパン）

bavarder 　おしゃべりをする

beau *(bel, belle)* 　美しい，（天気が）良い

beaucoup 　たくさん，大変

bibliothèque 　女 図書館

bien 　うまく，とても，良く，良い
　　bien sûr もちろん

bientôt 　まもなく

bière 　女 ビール

billet 　男 チケット，切符

blanc(*he*) 　白い

bleu(e) 　青い

boire 　飲む

bon(*ne*) 　良い，おいしい，よろしい

bonsoir 　こんばんは

bord 　au bord de (d') 〜の岸に

bouteille 　女 びん

brosse 　女 ブラシ

Ⓒ ça 　それ　ça va 元気だ，大丈夫だ

cadeau 　男 贈り物

café 　男 コーヒー，喫茶店

cafétéria 　女 カフェテリア

cahier 　男 ノート

camarade 　仲間

campagne 　女 田舎

canadien(*ne*) 　カナダ（人）の

car 　というのは

carrefour 　男 交差点

carte 　女 カード

cathédrale 　女 大聖堂

cave 　女 地下倉庫，地下室

célèbre 　有名な

centre-ville 　男 中心部，中心街

chambre 　女 部屋

changer 　変わる　changer de (d') 〜
　　〜を替える，乗りかえる

chanson 　女 歌

chanter 　歌う

chant*eur (se)* 　歌手

chapeau 　男 帽子

château 　男 館，宮殿，城

chaud(e) 　熱い，暑い，男 暑さ

chaussures 　女 （複数形で）靴

chemise 　女 ワイシャツ

ch*er(ère)* 　高価な，親愛なる

chercher 　探す　aller/venir chercher

		迎えに行く / 来る
chez		～の家に
chien	男	犬
Chine	女	中国
chinois(e)		中国人
choisir		選ぶ
chose	女	もの，こと
ci		～ -ci こちらの～
cinéma	男	映画，映画館
clair(e)		明るい
classe	女	クラス，授業
collègue		同僚
colline	女	丘
combien		いくら,どれくらい le combien 何日
comme		～として，何と～なんだろう
commencer		始める commencer à～ ～し始める
comment		どのように
concert	男	コンサート
connaître		知っている
content(e)		満足した，嬉しい
continuer à		～し続ける
copain (copine)		ボーイフレンド（ガールフレンド）
Corée	女	韓国，朝鮮
coréen(ne)		韓国人，韓国（人）の
coucou		おーい
couleur	女	色
courir		走る
cours	男	授業
coûter		（値段が）～である
crayon	男	鉛筆
croire		思う，信じる
cuisine	女	料理，キッチン
culture	女	文化
D d'accord		同意した，OK
d'ailleurs		それに，更に
dame	女	女性，婦人
dans		～（の中）で，～後に
danser		踊る
d'après		～によると
de (d')		～の，～から，～によって，～のうち，～について
début	男	初め，始まり
déjà		すでに，もう
déjeuner	男	昼食 動 昼食をとる
délicieux (se)		非常においしい
demain		明日
demi-heure	女	半時間，30 分
département	男	県
depuis		～（過去の時点・時間）以来
déranger		じゃまする，迷惑をかける
dernier (ère)		最後の，最近の

derrière		～の後ろに
descendre		降りる，下がる
désirer		～を欲しい，～したい
		Vous désirez ? 何になさいますか?
désolé(e)		申し訳ない
dessert	男	デザート
dessin	男	デッサン
devant		～の前に
devoir	男	（通例複数形で）宿題
devoir		～しなければならない，～（金額を）支払わなければならない
d'habitude		ふだんは
dictée	女	書き取り，ディクテ
difficile		難しい
dîner		男 夕食 動 夕食をとる
dire		言う
directeur (rice)		校長，上司
dis donc		ねえ，ちょっと
dommage	男	残念なこと
donc		それゆえ，そこで
donner		与える
dormir		眠る
doux (ce)		優しい
droite	女	右 à droite 右に
E eau	女	水
écharpe	女	マフラー
école	女	学校
écouter		聞く
écrire		書く，手紙を書く
efficace		効果のある，有効な
église	女	教会
eh		まさに，ねえ
élève		生徒
embrasser		口づけをする
émission	女	放送
employé(e)		従業員，職員
en		～に（おいて），～に乗って
enchanté(e)		はじめまして
encore		まだ，さらに
enfant		子ども
ensemble		一緒に
ensuite		つぎに
entendre		聞こえる，（人の言うことを）聞く
entendu		了解した，わかった
entre		～（2 つのもの）の間で
entrée	女	入口
entrer		入る
envie		avoir envie que (qu') ～ ～であって欲しい
environs	男複	付近，周辺
envoyer		送る，送信する

époque	囡	時期，時代	
équipe	囡	チーム	
espérer		期待する	
essayer		試す	
est	團	東	
et		そして，～と～	
États-Unis	團複	合衆国（アメリカ）	
été	團	夏	
étranger (ère)		外国の	
être		～である，～にいる，ある	
études	囡複	勉強，学業	
étudiant(e)		学生	
étudier		勉強する	
euh		えーと	
euro	團	ユーロ	
examen	團	試験	
extraordinaire		並外れた，巨大な	
F fabriquer		作る，製造する	
fac	囡	大学，学部（= faculté）	
faim		avoir faim お腹が空いている	
faire		する，作る	
		ça fait ～（金額,期間が）～になる	
famille	囡	家族	
fatigué(e)		疲れた	
faut (原形 : falloir)		il faut ～ ～が必要である，～し	
		なければならない	
faute	囡	間違い	
félicitations	囡複	おめでとう	
femme	囡	女性，妻	
fermer		閉める	
fête	囡	祭り，祝宴，祝日	
fier (ère)		高慢な　être fier de (d')～ ～を	
		自慢に思う	
fille	囡	女の子，娘	
film	團	（1本の）映画，映画作品	
fils	團	息子	
fin	囡	終わり　à la fin de (d')～ ～の終わりに	
finir		終える，終わる	
fleur	囡	花	
FNAC	囡	フナック（書籍・オーディオの	
		チェーン店）	
fois	囡	度，回	
foot	團	サッカー（= football）	
français(e)		フランス人 團 フランス語	
		フランス（人）の	
frère	團	兄弟	
frigo	團	冷蔵庫	
froid(e)		冷たい，寒い 團 寒さ	
fromage	團	チーズ	
fruit	團	果物	
G gagner		稼ぐ	

garçon	團	男の子	
gare	囡	駅	
gâteau(x)	團	ケーキ，お菓子	
gauche	囡	左 à gauche 左に	
gens	團複	人々	
gentil(le)		親切な	
goûter		味わう	
grand(e)		大きい，背が高い	
grand-mère	囡	祖母	
grand-père	團	祖父	
gros(se)		大きな，太った	
groupe	團	グループ，集団	
H habiter		住んでいる	
haut(e)		（建物などが）高い	
heure	囡	時, 1時間 à l'heure 時間どおりに	
heureux (se)		幸せな，うれしい	
hier		昨日	
hiver	團	冬	
homme	團	男の人，人	
hum		うーん	
I ici		ここに，ここで	
idée	囡	考え，アイデア	
il y a		～がある，～前に	
imagination	囡	想像（力）	
important(e)		重要な	
imprimer		印刷する	
inscrit(e)		登録済みの	
instant		un instant ちょっと待ってください	
intéressant(e)		面白い，興味深い	
inviter		招待する	
italien(ne)		イタリア（人）の	
J japonais(e)		日本人，團 日本語，日本（人）の	
jardin	團	公園，庭	
jeu	團	ゲーム　jeu vidéo テレビゲーム	
jeune		若い	
joie	囡	喜び	
joli(e)		きれいな，かわいい	
jour	團	日，曜日，tous les jours 毎日	
journaliste		ジャーナリスト，記者	
jupe	囡	スカート	
jus	團	ジュース	
jusqu'à/en		～まで	
K kilomètre	團	キロメートル	
L là		そこ（に，で）～ -là そちらの～	
là-bas		あそこ（に，で）	
lait	團	牛乳	
langue	囡	言語	
lecture	囡	読書	
légume	團	野菜	
libre		暇な，自由な	
lire		読む	

lit	男	ベッド
livre	男	本
loin de (d')		〜から遠くに，離れて
Londres		ロンドン
long(ue)		長い
longtemps		長い間
lunettes	女複	めがね
Ⓜ madame	女	〜さん，〜夫人
mademoiselle	女	〜さん，〜嬢
magasin	男	店
main	女	手
maintenant		今
mais		しかし，でも
maison	女	（一戸建ての）家
malade		病気の
manger		食べる
manquer		il manque 〜 〜が不足している
manteau	男	コート
marché	男	市場
marcher		歩く
mari	男	夫
match	男	試合
matin	男	朝
mauvais(e)		悪い
méchant(e)		意地悪な
médicament	男	薬
mélanger		混ぜる
ménage	男	家事
menu	男	セット，定食，コース料理
mer	女	海
merci		ありがとう
mère	女	母
météo	女	天気予報
métro	男	地下鉄 en métro 地下鉄で
mettre		入れる，置く
midi	男	正午，お昼
minuit	男	真夜中，午前０時
moins		〜分前 moins de(d') 〜 より少ない〜，au moins 少なくとも
mois	男	月，１か月
moment		en ce moment 今ごろ
monde	男	世界 tout le monde みんな
mondial(e)		世界の
monsieur	男	〜さん，〜氏，男の人
monter		乗る，のぼる
montre	女	腕時計
montrer		見せる，示す
moulin	男	風車（水車）小屋
mourir		死ぬ
musée	男	美術館，博物館
musicien(ne)		音楽家

musique	女	音楽
Ⓝ naître		生まれる
neiger		雪が降る
noir(e)		黒い en noir 黒い服で
nom	男	名前
non plus		また〜もない
nouveau (el,elle)		新しい，女 知らせ
nuit	女	夜，宿泊
Ⓞ occupé(e)		忙しい
œuvre	女	作品，仕事，業績
offrir		贈る
on		人（びと）は，私たちは
oncle	男	おじ
orange		オレンジ色の，女 オレンジ
ou		あるいは
où		どこ（に，で）
oublier		忘れる
ouvrir		開ける，開く
Ⓟ paquet-cadeau	男	贈答用包装
par		〜によって par ici こちらへ（どうぞ）
parc	男	公園
parce que (qu')		なぜなら〜だからだ
pardon	男	すみません
parents	男	（複数形で）両親
parfum	男	香水
parisien(ne)		パリの
parler		話す
parmi		〜の中に，〜の間に
partager		共有する
partir		出発する à partir de (d') 〜 〜から
passer		過ぎる，立ち寄る
patience	女	我慢，辛抱強さ
pâtissier (ère)		菓子職人
patrimoine	男	遺産
pauvre		かわいそうな，あわれな
pêche	女	釣り
peinture	女	絵画
Pékin		北京（都市名）
pendant		〜の間
penser à		〜のことを考える
perdre		なくす
père	男	父
personne	女	人
petit(e)		小さい，背が低い
petit-déjeuner	男	朝食
peu		un peu 少し，à peu près だいたい，おおよそ
peur		avoir peur de (d')〜 〜をこわがる
peut-être		〜かもしれない
photo	女	写真
pied	男	足 à pied 徒歩で

pique-nique	男	ピクニック
plaisir		avec plaisir よろこんで
plat	男	皿，料理
pleuvoir		雨が降る
pluie	女	雨
plus		より一層
		plus de (d') ～ より多くの～，～以上
plusieurs		いくつもの～
poisson	男	魚
poivre	男	こしょう
policier (ère)		警察の，推理物の
pomme	女	りんご
pont	男	橋
portable	男	携帯電話
porte	女	ドア
portefeuille	男	財布，札入れ
porter		身につけている
possible		考えられる，可能な
poste	女	郵便局
pour		～のために，～に向かって，
pourquoi		なぜ
pouvoir		～できる
précis(e)		正確な
préférer		より好きである
prendre		とる，乗る
		ça prend ～（時間が）～かかる
préparer		準備する，用意する
près de (d')		～の近くに
présenter		提示する，表明する
prêter		貸す
printemps	男	春
problème	男	問題
prochain(e)		次の
professeur(e)		先生
profiter de (d')		～を利用する，～を活用する
programme	男	計画，予定
progrès	男	進歩
promenade	女	散歩 promener 散歩させる
propos		à propos ところで
proposer		提案する
Ⓠ quand		いつ，～するとき
quartier	男	地区，界隈
que (qu')		～するということ，～より，何（を）
quel(le)		何の，どれ，なんという
question	女	質問，問題
qui		誰（が，を）
quitter		去る
Ⓡ recevoir		受け取る
réfléchir		熟考する
regarder		見る
règle	女	規則，ルール

rencontrer		会う，出会う
rendez-vous	男	（会う）約束
Rennes		レンヌ（都市名）
rentrer		帰る
repas	男	食事
répondre		返事をする，返信する
réputé(e)		有名な
réserver		予約する
respecter		尊敬する
restaurant	男	レストラン
rester		とどまる il reste ～ ～が残っている
résultat	男	結果
retard	男	遅れ，遅刻 en retard 遅れて
retour	男	戻ること，帰宅
retourner		戻る
revenir		帰ってくる，戻る
revue	女	雑誌（専門誌）
rire		笑う
rivière	女	川
robe	女	ドレス，ワンピース
roman	男	小説
rose		ピンク色の，女 バラ
rouge		赤い
route	女	道路，街道
rue	女	通り
Ⓢ sac	男	バッグ
s'aimer		愛し合う（se は直目）
saison	女	季節
salade	女	サラダ
salle	女	部屋
salon	男	店，応接間，客間
s'annoncer		予想される（se は直目）
s'arrêter		止まる，とどまる（se は直目）
sauce	女	ソース
savoir		知っている，tu sais ねえ
se coucher		寝る（se は直目）
se dépêcher		急ぐ（se は直目）
se dire		互いに言う（se は間目）
se laver		自分の体を洗う(seは直目または間目)
se lever		起きる（se は直目）
se maquiller		化粧する（se は直目）
se marier		結婚する（se は直目）
se parler		話し合う（se は間目）
se préparer		準備する,身じたくする(se は直目)
se présenter		自己紹介する（se は直目）
se promener		散歩する（se は直目）
se rappeler		思い出す（se は間目）
se réveiller		目覚める（se は直目）
se revoir		再会する（se は直目）
se souvenir de (d')		～を覚えている（se は直目）
se téléphoner		電話し合う（se は間目）

se tromper		間違える（se は直目）
se trouver		いる，ある（se は直目）
se voir		お互いに会う（se は直目）
séjour	男	滞在
selon		～に従って
semaine	女	週，1 週間，平日
Séoul		ソウル（都市名）
serveur (se)		ウエイター，ウエイトレス
seul(e)		1 人で，1 人の
s'habiller		服を着る（se は直目）
si (s')		もし～ならば，とても～
siècle	男	世紀
s'il vous plaît		お願いします，どうぞ
skier		スキーをする
sœur	女	姉妹
soif		avoir soif のどが渇いている
soir	男	夕方，晩，夜（就寝時まで）
solution	女	解決策
somme	女	金額，総額
sorbet	男	シャーベット
sortir		出る，外出する
sous		～の下に
souvent		しばしば，よく
sport	男	スポーツ
stade	男	競技場，スタジアム
stage	男	研修，実習
stagiaire		研修生，実習生
styliste		デザイナー
stylo	男	ペン，万年筆
succès	男	成功
sucre	男	砂糖
suivre		（授業などを）受ける
super		すごい，すばらしい
supprimer		削除する
sur		～の上に，～について
T tant		tant mieux それはよかった， tant pis しかたがない
tante	女	おば
tard		遅く plus tard のちに
tasse	女	カップ
taxi	男	タクシー en taxi タクシーで
télé	女	テレビ
téléphone	男	電話 動 téléphoner 電話する
tellement		それほどに（多く）
temps	男	時間，天候
tennis	男	テニス
terminer		終える
tête	女	頭
thé	男	お茶
théâtre	男	劇場，芝居
tiens		ほら，おや

timbre	男	切手
tôt		早く
toujours		いつも，相変わらず
tour	男	順番
tour	女	塔，タワー
touriste		旅行者
tourner		曲がる
tout(e)		全て（の），全く tout à fait 全く， tout de suite すぐに，tout droit まっすぐに
traditionnel(le)		伝統的な
train	男	列車 en train 列車で
travail	男	仕事 travailler 働く，勉強する
traverser		横切る，（川，橋を）渡る
très		とても très bien かしこまりました
trop		あまりにも（多く）
trouver		見つける，（～だと）思う
U université	女	大学 universitaire 大学の
V vacances	女	（複数形で）休暇
valise	女	スーツケース
vaut (原形：valoir)		il vaut mieux ～ ～するほうが良い
vélo	男	自転車 à/en vélo 自転車で， faire du vélo サイクリングをする
vendeur (se)		店員
venir		（～しに）来る venir de (d') ～ ～したところだ
ventre	男	おなか
vérité	女	本当のこと，真実
vers		～頃に
vert(e)		緑色の，男 緑
veste	女	上着，ジャケット
vie	女	生活
vieux(vieil, vieille)		古い，年老いた
village	男	村
ville	女	都市，街
vin	男	ワイン
violet(te)		紫色の
visiter		訪れる，見物する
vite		速く，すぐに
voici		ここに～がある（いる）
voilà		そこに～がある（いる）
voir		見る，見える，会う，わかる
voisin(e)		隣人，隣の
voiture	女	車，自動車
voix	女	声
volonté	女	意志，意向
vouloir		～を欲しい，～したい
voyage	男	旅行 動 voyager 旅行する
vrai(e)		本当の vraiment 本当に
W week-end	男	週末

基本動詞の意味については動詞活用表も参照して下さい．

装丁・イラスト： 小熊　未央

写真提供： 北村　海人
　　　　　 河野　有樹
　　　　　 布施菜々子
　　　　　 星野みのぶ
　　　　　 真鍋　敦子

新ケンとジュリー 2（二訂版）

太原　孝英
大場　静枝
佐藤　淳一　著
塚越　敦子

2016. 3. 1　初版発行
2022. 5. 10　二訂版 2 刷発行

発行者　井　田　洋　二

〒 101-0062 東京都千代田区神田駿河台 3 の 7
発行所　電話 03(3291)1676　FAX 03(3291)1675
　　　　振替 00190-3-56669

株式
会社　駿河台出版社

製版　欧友社／印刷・製本　三友印刷
http://www.e-surugadai.com
ISBN 978-4-411-00930-2

1. 適切な目的語代名詞を選びなさい．　　（1点×3）

(1) Ken envoie des cadeaux <u>à ses parents</u> ?

　　— Oui, il (lui vous leur) envoie des cadeaux.

(2) Julie attend <u>Ken</u> ?　　　　　　— Non, elle ne (lui te l') attend pas.

(3) Tu as déjà téléphoné <u>à ta sœur</u> ?　— Oui, je (lui te leur) ai déjà téléphoné.

2. 以下の動詞の過去分詞を書きなさい．　　（1点×6）

(1) lire　_____　(2) entrer　_____

(3) naître_____　(4) prendre_____

(5) faire　_____　(6) mourir　_____

3. （　　）の動詞を現在形にしなさい．　　（1点×3）

(1) D'habitude, je _____ vers minuit. (se coucher)

(2) Elles _____ au revoir. (se dire)

(3) Comment vous _____ ? (s'appeler)（倒置疑問文にする）

4. （　　）内の指示に従って，全文を書きかえなさい．　　（2点×4）

(1) Tu te lèves tout de suite.　　　　（命令文に）

　_____

(2) Mes amis vont aux États-Unis.　　（複合過去形に）

　_____

(3) Nous avons fait du ski.　　　　　（現在形に）

　_____

(4) Vous vous promenez sous la pluie.　（否定命令文に）

　_____

1. 適切な活用形を 1 ～ 3 の中から選びなさい.　　　（1 点×4）

(1) Ken ne (　　　　　　　) pas de sport ?　　1 faisions　　2 faisait　　3 faisais

(2) Avant il y (　　　　　　　) un parc ici.　　1 avais　　2 avaient　　3 avait

(3) Quand j' (ア　　　　) étudiant, je ne (イ　　　　) pas mon petit-déjeuner.

　　ア：1 étais　　2 était　　3 étions　　　イ：1 prenions　　2 prenais　　3 preniez

2. 日本語に合わせて，（　　）に適切な人称代名詞強勢形を入れなさい.　　　（1 点×5）

(1) Julie sort avec (　　　　　　　).　　　　　　　　ジュリーは彼と出かけます.

(2) Qui est-ce ? ─ C'est (　　　　　　　), Peter.　　誰ですか？　─ぼく，ペーターだよ.

(3) Éric et Julie sont plus âgés que (　　　　　　　).　エリックとジュリーは君よりも年上です.

(4) Vous venez chez (　　　　　　) ce soir ?　　　　今晩，私たちの家に来ますか.

(5) Ken va voir un match de foot avec (　　　　　　).　ケンは彼らとサッカーの試合を見に行きます.

3. 教科書の p.17 の「さまざまな数量表現」を参照しながら,（　　）に適切な語(句)を入れなさい. (1 点×5)

(1) Il y a (　　　　　　　) fruits dans le frigo.　　　　冷蔵庫にいくつかの果物があります.

(2) Vous avez (　　　　　　　) frères et sœurs ?　　あなたには何人の兄弟姉妹がいますか？

(3) As-tu (　　　　　　) argent ?　　　　　　　　　お金は十分に持っている？

(4) J'ai (　　　　　　) temps pour sortir.　　　　　私には出かける時間がほとんどない.

(5) Il y a (　　　　　　) étudiants dans cette salle. この部屋には学生が多すぎる.

4. ヒントを参考に，フランス語で作文しなさい.　　　（3 点×2）

(1) 私が学生だったとき，よく旅行をしたものです.　　ヒント▶「旅行する」voyager.「よく」souvent

_____

(2) 君は彼よりも背が高い.　　　　　　　　　　　　　ヒント▶「背が高い」grand

_____

1. 適切な活用形を選びなさい.　　（1 点×5）

(1) Tu (resteras　restera　resterez) en France jusqu'au début de septembre ?

(2) Quel temps (feras　ferai　fera)-t-il demain ? — Il (a plu　pleuvait　pleuvra).

(3) Julie et Ken (partirons　partiront　partira) pour Strasbourg dans une semaine.

(4) Vous (passerons　passeront　passerez) chez moi demain soir ?

2. 次の文を単純未来の文に書き直しなさい.　　（2 点×3）

(1) Je vais avoir vingt ans dans une semaine.

_____

(2) Mes parents vont arriver à Paris demain.

_____

(3) Nous allons nous revoir bientôt ?

_____

3. 適切な指示代名詞を入れなさい.　　（1 点×3）

(1) C'est votre voiture ? — Non, c'est (　　　　　　　　) de mon père.

(2) Voici mon livre et voilà (　　　　　　　) d'Éric.

(3) Je préfère ces lunettes-ci à (　　　　　　)-là.

4. 単純未来形を用いて，フランス語で作文しなさい.　　（3 点×2）

(1) おいしいケーキを作るわ！　　　　　　　　　　　　　　　　ヒント▶「ケーキ」gâteau

_____

(2) 明日はいい天気でしょう.

_____

1. 日本語に合わせて，（　　）の動詞を現在分詞にしなさい．　（1点×4）

(1) 私は学校帰りのペーターに出会いました．

J'ai rencontré Peter ＿＿＿＿＿＿＿＿ de l'école. (revenir)

(2) ケンは，イタリア人の友だちと話しているマルコを見ました．

Ken a vu Marco ＿＿＿＿＿＿＿＿ avec ses amis italiens. (parler)

(3) 日本語を学んでいるたくさんのフランス人がいます．

Il y a beaucoup de Français ＿＿＿＿＿＿＿＿ le japonais. (apprendre)

(4) 青いジャケットを着ている男の人は私たちの上司です．

Le monsieur ＿＿＿＿＿＿＿＿ une veste bleue est notre directeur. (porter)

2. 日本語に合わせて，（　　）の動詞をジェロンディフにしなさい．　（1点×4）

(1) 私は学校帰りにペーターに出会いました．

J'ai rencontré Peter ＿＿＿＿＿＿＿＿ de l'école. (revenir)

(2) 地下鉄に乗れば，時間どおりに着きますよ．

＿＿＿＿＿＿＿＿ le métro, vous arriverez à l'heure. (prendre)

(3) 彼女はいつも歌いながら歩きます．

Elle marche toujours ＿＿＿＿＿＿＿＿. (chanter)

(4) ケンはジュリーのことを考えながら自転車に乗っています．

Ken fait du vélo ＿＿＿＿＿＿＿＿ à Julie. (penser)

3. 中性代名詞を用いて，応答文を完成させなさい．　（2点×3）

(1) Ils ne sont pas français ?　　　　　　— Si, ＿＿＿＿＿＿＿＿＿＿＿＿＿．

(2) Tu sais ? Marie est malade.　　　　　— Oui, ＿＿＿＿＿＿＿＿＿＿＿＿＿．

(3) Ils sont contents de leur nouvelle maison ? — Non, ＿＿＿＿＿＿＿＿＿＿＿＿＿．

4. フランス語で作文しなさい．　（3点×2）

(1) 今日は何日ですか？　　　　　　　　　　　　ヒント▶　「何日？」le combien

＿＿＿＿＿＿＿＿＿＿＿＿＿＿＿＿＿＿＿＿＿＿＿＿＿＿＿＿＿＿＿＿＿＿＿

(2) 3時15分前です．　　　　　　　　　　　　ヒント▶　「15分前」moins le quart

＿＿＿＿＿＿＿＿＿＿＿＿＿＿＿＿＿＿＿＿＿＿＿＿＿＿＿＿＿＿＿＿＿＿＿

年　　月　　日		学部　　　　　学科　　　年	評　点
Leçon 6　練習問題	学籍番号		
	氏　名		/20

1. 指示された主語に合わせて，（　）の動詞を適切な条件法現在形にして書きなさい．（1点×10）

(1) elle ＿＿＿＿＿＿＿＿＿＿（ sortir ）　　(2) je ＿＿＿＿＿＿＿＿＿＿（ faire ）

(3) vous ＿＿＿＿＿＿＿＿＿＿（ vouloir ）　　(4) ils ＿＿＿＿＿＿＿＿＿＿（ venir ）

(5) tu ＿＿＿＿＿＿＿＿＿＿（ devoir ）　　(6) nous ＿＿＿＿＿＿＿＿＿＿（ aller ）

(7) Ken ＿＿＿＿＿＿＿＿＿＿（ avoir ）　　(8) Julie et Marie ＿＿＿＿＿＿＿（ être ）

(9) on ＿＿＿＿＿＿＿＿＿＿（ prendre ）　　(10) j' ＿＿＿＿＿＿＿＿＿＿（ aimer ）

2. 日本語に合わせて，（　）の動詞を適切な活用形にして書きなさい．　　（1点×6）

(1) もし時間があれば，私は彼らに会いに行くのですが．

Si j' ＿＿＿＿＿＿＿＿ du temps, j' ＿＿＿＿＿＿＿＿ les voir. (avoir, aller)

(2) もし彼が意地悪でなければ，彼の仲間たちは彼を尊敬するのに．

S'il n' ＿＿＿＿＿＿＿＿ pas méchant, ses camarades le ＿＿＿＿＿＿＿＿. (être, respecter)

(3) 私を手伝ってくださいませんか？

＿＿＿＿＿＿＿＿ -vous m'aider, s'il vous plaît ? (pouvoir) ヒント▶ 条件法現在形を使います．

(4) 君はこの仕事を土曜日までに終えなければならないだろうね．

Tu ＿＿＿＿＿＿＿＿ terminer ce travail avant samedi. (devoir)

ヒント▶ 条件法現在形を使います．

3. 適切な副詞的代名詞を入れなさい．　　（1点×4）

(1) Ken a des amis français ? — Oui, il (　　　　　　　　) a beaucoup.

(2) Elles vont à l'université comment ? — Elles (　　　　　　　　) vont en train.

(3) Il renoncera à l'alcool ? — Non, il n' (　　　　　　　　) renoncera jamais.

ヒント▶ renoncer à ～「～をやめる」

(4) Vous êtes contents de ce résultat ? — Oui, nous (　　　　　　　　) sommes très contents.

ヒント▶ être content de (d') ～「～に満足である」

1. 上の文と意味が同じになるように適切な活用形を選びなさい.　　（1点×2）

　　(1) Beaucoup de Japonais apprennent le français.

　　　　→ Le français (est apprise　est appris　a appris) par beaucoup de Japonais.

　　(2) Les jeunes filles connaissent ces acteurs coréens.

　　　　→ Ces acteurs coréens (ont connu　sont connues　sont connus) des jeunes filles.

2. 次の文を受動態の文に書きかえなさい.　　（3点×2）

　　(1) Beaucoup de Français apprennent la culture japonaise.

　　　　→ _____

　　(2) Les jeunes gens connaissent ces chanteuses coréennes.

　　　　→ _____

3. 強調構文を用いて, 指示された語句を強調しなさい.　　（2点×3）

　　　　Ken a offert ce bol à thé à Julie.

　　(1)（品物）　　_____

　　(2)（贈った人）　_____

　　(3)（贈られた人）_____

4. フランス語で作文しなさい.　　（3点×2）

　　(1) 彼女たちは歯が痛いです.

　　　　_____

　　(2) 君には彼の助けが必要だよ.

　　　　_____

1. 適当な活用形を選びなさい．（1点×4）

(1) Hier, Julie (s'a couché　s'est couché　s'est couchée) très tard.

(2) Ils (s'ont dépêché　se sont dépêchés　se sont dépêché) pour prendre leur train.

(3) Marie (s'est lavé　s'est lavée　s'est lavés) les mains avant le déjeuner.

(4) Je ne (me suis pas souvenu　m'ai pas souvenu　m'est pas souvenu) de son nom.

2. （　　　）の動詞を複合過去形にして書きなさい．　　（2点×3）

(1) Marie, tu ＿＿＿＿＿＿＿＿＿＿＿＿ dans le jardin du Luxembourg hier soir ?
　　　　　　　　　　　　　　　　　　　　　　　　　　(se promener)

(2) Je ＿＿＿＿＿＿＿＿＿＿＿＿ tôt le matin. (se lever)

(3) Julie ＿＿＿＿＿＿＿＿＿＿＿＿ son séjour à Tokyo. (se rappeler)

3. （　　　）の形容詞を適切な形にして書きなさい．　　（1点×4）

(1) Tu vois la maison ＿＿＿＿＿＿＿＿＿＿ là-bas ?　(blanc)

(2) Julie porte une robe ＿＿＿＿＿＿＿＿＿＿．　(long)

(3) Anne est une très ＿＿＿＿＿＿＿＿＿＿ étudiante.　(bon)

(4) Hier, j'ai vu une journaliste ＿＿＿＿＿＿＿＿＿＿．　(canadien)

4. 例にならって，（　　　）の形容詞を与えられた名詞に性数を一致させ，不定冠詞をつけて正しい語順にして書きなさい．　　（2点×3）

　　（例）　jardin (petit)　→　un petit jardin

(1) ami (beau)　　　　　→ ＿＿＿＿＿＿＿＿＿＿＿＿＿＿＿＿

(2) étudiantes (italien)　→ ＿＿＿＿＿＿＿＿＿＿＿＿＿＿＿＿

(3) homme (vieux)　　　→ ＿＿＿＿＿＿＿＿＿＿＿＿＿＿＿＿

1. 日本語に合わせて，適切な語（句）を選びなさい．　　（1 点×4）

(1) ジャンヌは君より英語を話すのが上手だよ．

　　　Jeanne parle anglais (meilleur　meilleure　mieux) que toi.

(2) こちらのビールはおいしいけど，あちらのビールはもっとおいしい．

　　　Cette bière-ci est bonne, mais cette bière-là est encore (meilleur　meilleure　mieux).

(3) イザベルはクラスで一番優れた生徒だ．

　　　Isabelle est (le meilleur　la meilleure　le mieux) élève de la classe.

(4) パウラは家族で起きるのが一番遅い．

　　　Paula se lève (le plus　le moins　la moins) tôt de sa famille.

2. 日本語に合わせて，正しい語順に並べなさい．　　（3 点×2）

(1) ぼくはニコラと同じくらい本を持っているよ．

　　　de　autant　ai　que　livres　Nicolas

　　　J'　_____ .

(2) これは今年一番の日本映画だ．

　　　de　le　l'année　film　japonais　meilleur

　　　C'est　_____ .

3. 日本語に合わせて，適切な語を入れなさい．　　（2 点×5）

(1) 彼はもう若くない．　　　　　　　　Il n'est (　　　　　　　　　) jeune.

(2) 居間には誰もいない．　　　　　　　Il n'y a (　　　　　　　　　) dans le salon.

(3) 難しいことは何もない．　　　　　　(　　　　　　　　　) n'est difficile.

(4) 彼らは野菜しか食べない．　　　　　Ils ne mangent (　　　　　　　　　) des légumes.

(5) 彼らは決して魚を食べない．　　　　Ils ne mangent (　　　　　　　　　) de poisson.

| 動詞練習問題（1） | 学籍番号 | |
| | 氏　名 | /20 |

1. 適切な活用形を選びなさい．［直説法現在］　（1 点×5）

(1) Tu (finis　finit　finissons) tes études cette année ?

(2) Quel temps (fais　fait　font)-il aujourd'hui ?　─ Il neige beaucoup.

(3) Nous (commencons　commencez　commençons) notre travail cet après-midi.

(4) Vous (buvez　buvons　bois) du café ?

(5) On (prends　prend　prenons) un taxi pour aller à la gare ?

2. 適切な活用形を書きなさい．［直説法現在］　（1 点×10）

(1) Je ＿＿＿＿＿＿＿＿＿ avoir vingt ans dans une semaine. (aller)

(2) Mes parents ＿＿＿＿＿＿＿＿＿ d'arriver à Paris. (venir)

(3) Nous ＿＿＿＿＿＿＿＿＿ bien la nouvelle tour de Tokyo d'ici. (voir)

(4) Qu'est-ce que vous ＿＿＿＿＿＿＿＿＿ maintenant ? (lire)

(5) Tu ＿＿＿＿＿＿＿＿＿ que Julie est malade ? (savoir)

(6) Éric ＿＿＿＿＿＿＿＿＿ toujours la vérité. (dire)

(7) Nicolas et Éric n' ＿＿＿＿＿＿＿＿＿ pas d'argent. (avoir)

(8) Tu ＿＿＿＿＿＿＿＿＿ cette jupe pour ta sœur ? (acheter)

(9) Vous ＿＿＿＿＿＿＿＿＿ du sucre dans votre café ? (mettre)

(10) Je ＿＿＿＿＿＿＿＿＿ entrer ? (pouvoir)

3. 適切な活用形を書きなさい．［直説法現在］　（1 点×5）

(1) Vous ＿＿＿＿＿＿＿＿＿ à quelle heure ? (se coucher)

(2) Je ＿＿＿＿＿＿＿＿＿ à sept heures tous les matins. (se lever)

(3) Tu vas ＿＿＿＿＿＿＿＿＿ avec ton chien ? (se promener)

(4) Il ＿＿＿＿＿＿＿＿＿ Paul Leblanc. (s'appeler)

(5) Julie et Ken ＿＿＿＿＿＿＿＿＿ tous les soirs. (se téléphoner)

年　　月　　日		学部　　　　　学科　　　年		評　点
動詞練習問題 (2)	学籍番号			
	氏　名			/20

1. 適切な助動詞を選びなさい．〔直説法複合過去〕　（1点×5）

(1) Tu (as　es) vu Marie hier ?

(2) Elles (sont　ont) venues de France.

(3) Nous (avons　sommes) sortis ensemble.

(4) Vous vous (avez　êtes) lavé les mains ?

(5) On (est　a) beaucoup chanté hier soir.

2. 適切な活用形を書きなさい．〔直説法複合過去〕　（1点×5）

(1) J' _____ à mes parents. (écrire)

(2) Ma grand-mère _____ il y a trois ans. (mourir)

(3) Nous _____ bien _____ dans ce restaurant. (manger)

(4) Qu'est-ce que vous _____ hier ? (faire)

(5) Ta fille _____ avec qui ? (se marier)

3. 適切な活用形を書きなさい．〔直説法単純未来〕（1点×5）

(1) Éric _____ pour le Japon dans deux semaines. (partir)

(2) Si vous prenez un taxi, vous _____ à l'heure. (arriver)

(3) Tu _____ chez moi demain matin. (venir)

(4) On _____ bien. (voir)

(5) Il _____ beau demain. (faire)

4. 適切な活用形を選びなさい．　（1点×5）

(1) Avant, il y (avait　a　aura) beaucoup de cafés dans ce quartier.

(2) J'ai rencontré Julie en (rentre　rentrant　est rentrée) de la fac.

(3) Tu es en retard ! (Dépêche-toi　Dépêches-toi　Dépêchez-vous) !

(4) Il (a allé　est allé　est allée) au cinéma avec Sophie hier soir.

(5) Je (regardais　a regardé　regarder) la télé quand il m'a téléphoné.

〈筆記試験問題〉

1　次の (1) 〜 (4) の (　　　　) 内に入れるのに最も適切なものを，下の ① 〜 ⑥ のなかから１つず
　つ選び，(　　　　) 内にその番号を記入してください．(配点　8)

(1) Ce sont (　　　) stylos de Julie.

(2) Paul a (　　　) voiture japonaise.

(3) Je vais (　　　) États-Unis.

(4) Tu mets (　　　) lait dans ton café ?

　　　① une　② son　③ les　④ aux　⑤ ces　⑥ du

2　次の (1) 〜 (5) の (　　) 内に入れるのに最も適切なものを，それぞれ① 〜 ③のなかから１つず
　つ選び，その番号に○をつけてください．　(配点　10)

(1) — Demain matin, je pars à cinq heures.
　　— Alors, tu dois (　　　) coucher tôt.
　　　① se　② toi　③ te

(2) — Marie a des enfants ?
　　— Oui, elle (　　　) a trois.
　　　① en　② y　③ le

(3) — J'aime bien cette robe bleue.　Et vous ?
　　— Moi, je préfère (　　　)-là.
　　　① ceux　② celle　③ celui

(4) — Vous connaissez Monsieur Legrand ?
　　— Oui, je (　　　) connais depuis dix ans.
　　　① lui　② la　③ le

(5) — Ce sont vos sacs ?
　　— Oui, ils sont à (　　　).
　　　① nous　② vous　③ eux

3 次の (1) ～ (4) の A と B の対話を完成させてください．B の下線部に入れるのに最も適切なものを，それぞれ ①～③ のなかから 1 つずつ選び，その番号に○をつけてください．（配点 8）

(1) A : On va se promener ?

B : _____

A : Dans le jardin du Luxembourg.

  ① Désolée. Je suis très fatiguée.
  ② D'accord. Mais où ?
  ③ Oui, on y va.

(2) A : Il fera beau cet après-midi ?

B : _____

A : Tant pis. Restons à la maison.

  ① Non, il ne fera pas très beau.
  ② Oui, il aura du temps libre.
  ③ Oui, il fera bien du tennis.

(3) A : Je voudrais voir Monsieur Dubois.

B : _____

A : Bon. Je reviendrai plus tard.

  ① Par ici, s'il vous plaît.
  ② Un instant, s'il vous plaît.
  ③ Il est sorti maintenant.

(4) A : Pardon madame, la poste,
       s'il vous plaît ?

B : _____

A : On peut y aller à pied ?

  ① Ah, c'est juste devant vous.
  ② Tournez à droite au troisième
     carrefour.
  ③ Vous y allez pourquoi ?

4 次の日本語の文 (1) ～ (5) の下には，それぞれ対応するフランス語の文が記されています．
（   ）内に入れるのに最も適切なものを，それぞれ ①～③ のなかから 1 つずつ選び，
その番号に○をつけてください．（配点 10）

(1) セリーヌは今朝，ここに来ました．

Céline (   ) ici ce matin.
  ① viendra ② vient ③ est venue

(2) ドアを閉めていただけませんか？

Pouvez-vous (   ) la porte ?
  ① fermer ② fermez ③ fermiez

(3) ジュリーは2時間後にリヨンに到着します．

Julie (   ) à Lyon dans deux
heures.
  ① est arrivée ② arrive ③ arrivera

(4) 私は映画館から出るときケンと会いました．

J'ai rencontré Ken en (   ) du cinéma.
  ① sortais ② sortant ③ sorir

(5) その当時，彼の兄弟はマルセイユにいました．

À cette époque, ses frères (   ) à
Marseille.
  ① étaient ② seront ③ sont

5 次の (1) ～ (5) において，それぞれ ①～④をすべて用いて文を完成したとき，（　　　）内に入るのはどれですか．①～④ のなかから 1 つずつ選び，その番号に○をつけてください．（配点 10）

(1) Ken _____ _____ (_____) _____ ici.

　　① doit　② train　③ de　④ changer

(2) Il n' _____ _____ (_____) _____ lait.

　　① a　② de　③ plus　④ y

(3) Nous _____ _____ (_____) _____ à Paris.

　　① envie　② d'　③ avons　④ aller

(4) Nicolas _____ _____ (_____) _____ .

　　① très　② l'air　③ a　④ content

(5) C'est l'avion _____ _____ (_____) _____ monde.

　　① du　② plus　③ le　④ gros

6 次の (1) ～ (4) の (　　　) 内に入れるのに最も適切なものを，それぞれ ①～③ のなかから 1 つずつ選び，その番号に○をつけてください．(配点 8)

(1) J'ai réservé une chambre (　　　　) huit jours.

　　① pour　② entre　③ vers

(2) Qu'est-ce que tu prends (　　　　) dessert ?

　　① de　② comme　③ par

(3) Deux menus (　　　　) 30 euros, s'il vous plaît.

　　① à　② en　③ avec

(4) Qu'est-ce qu'il a fait (　　　　) les vacances ?

　　① depuis　② sur　③ pendant

7 次の (1) 〜 (6) に最もふさわしい絵を，下の ①〜⑨ のなかから1つずつ選び，(　　　) 内にその
番号を記入してください．（配点 6）

(1) Marie promène son chien dans le parc.　(　　)

(2) Marie court en écoutant de la musique.　(　　)

(3) Marie achète des pommes au marché.　(　　)

(4) Marie se promène avec des amis.　(　　)

(5) Marie voyage avec sa sœur.　(　　)

(6) Marie travaille toute seule.　(　　)

① 　② 　③

④ 　⑤ 　⑥

⑦ 　⑧ 　⑨

8 次の会話を読み，下の (1) 〜 (6) について，会話の内容に一致する場合は（　　　）内に ○ を，一致しない場合は（　　　）内に × を記入してください．（配点 6）

Luc : Samedi prochain, c'est l'anniversaire de Papa.

Françoise : Qu'est-ce qu'on va choisir comme cadeau ?

Luc : Je ne sais pas encore. Tu as une idée ?

Françoise : Non. Mais tu sais, Papa vient de perdre sa montre.
　　　　　　Alors, si on lui achetait une nouvelle montre ?

Luc : Une montre ? Ce n'est pas possible pour nous.
　　　On n'a pas assez d'argent pour l'acheter.

Françoise : Une montre, ça coûte combien ?

Luc : Ça coûte au moins cinquante euros.

Françoise : Il nous manque trente euros.

Luc : Bon, on va gagner cette somme en aidant Maman au ménage.

Françoise : C'est une bonne idée.

* somme：金額

(1) リュックとフランソワーズは，父の日のプレゼントの話をしている．　　　　　（　　　）

(2) お父さんは数日前に腕時計を失くした．　　　　　　　　　　　　　　　　　（　　　）

(3) リュックとフランソワーズは，腕時計を買うのに十分なお金を持ってない．　（　　　）

(4) 腕時計の値段は少なくとも 60 ユーロである．　　　　　　　　　　　　　　（　　　）

(5) リュックとフランソワーズは，プレゼントを時計以外のものにしようと思っている．（　　　）

(6) リュックとフランソワーズはお母さんの手伝いをしてお金をかせぐことにした．（　　　）

〈聞き取り試験問題〉

61 1 ・フランス語の文 (1) 〜 (4) を，それぞれ 3 回ずつ聞いてください．
　　・それぞれの文に最もふさわしい絵を下の ① 〜 ⑥ のなかから 1 つずつ選び，（　　　）内にその番号を記入してください．（配点 8）

(1) (　　　)　　　　(2) (　　　)　　　　(3) (　　　)　　　　(4) (　　　)

62 ② ・フランス語の質問 (1) 〜 (4) を，それぞれ３回ずつ聞いてください．
・(1) 〜 (4) の質問に対する応答として適切なものを，それぞれ ①，② から選び，その番号に○
をつけてください．（配点 8）

(1) ① Demain.

② Pour Lyon.

(2) ① Moi aussi.

② Moi non plus.

(3) ① Il fait beau.

② Il est journaliste.

(4) ① Elle est rose.

② C'est une rose.

63 ③ ・フランス語の文 (1) 〜 (4) を，それぞれ３回ずつ聞いてください．
・どの文にも必ず数字が含まれていますので，（   ）内に算用数字で記入してください．

（配点 8）

(1) （   ）

(2) （   ）

(3) （   ）

(4) （   ）

64 ④ ・クロードとマリーの会話を３回聞いてください．
・次の (1) 〜 (5) について，会話の内容に一致する場合は（   ）内に○を，一致しない場合は（   ）
内に × を記入してください．（配点 10）

(1) クロードは今度の日曜日のマリーの予定を尋ねている．   （   ）

(2) 当日，マリーは午前中は図書館に行く予定である．   （   ）

(3) クロードのおばさんがクロードに芝居のチケットをくれた．   （   ）

(4) マリーは地下鉄で行くつもりである．   （   ）

(5) 二人は現地で会う約束をした．   （   ）

$$\boxed{\text{発音早見表}}$$

① 綴りと発音の関係

読まない文字

- 語末の子音字　　　mot[モ]　*ただし, c, r, f, l が語末の場合は, 発音することも多いです.
- 語末の e　　　　　Marie[マリ]
- h　　　　　　　　hôtel[オテル]
- 複数形の s　　　　tables[ターブル]

② 発音

(1) 母音字の発音

a	[a] [ɑ]	ami[アミ]	passeport[パスポーる]
i	[i]	ici[イスィ]	ceci[ススィ]
y	[i]	styliste[スティリスト]	lycée[リセ]
o	[o] [ɔ]	rose[ろーズ]	joli[ジョリ]
u	[y]	salut[サリュ]	début[デビュ]
e	[ə]	petit[プティ]	cela[スラ]
	[e] [ɛ]	nez[ネ]	avec[アヴェック]
é	[e]	vélo[ヴェロ]	métro[メトろ]
è	[ɛ]	père[ペーる]	après[アプれ]
ê	[ɛ]	fête[フェット]	forêt[フォれ]

(2) 複母音字の発音

ai	[e] [ɛ]	gai[ゲ]	maison[メゾン]
au	[o] [ɔ]	sauce[ソース]	restaurant[れストらン]
eau	[o]	eau[オ]	gâteau[ガトー]
ou	[u]	bonjour[ボンジューる]	boutique[ブティック]
oi	[wa]	croissant[クろワッサン]	bavarois[バヴァろワ]
eu	[ø]	deux[ドゥ]	bleu[ブルー]
	[œ]	neuf[ヌフ]	fleur[フルーる]

(3) 子音, 半母音で注意すべきもの

ch	[ʃ]	chocolat[ショコラ]	chance[シャンス]
gn	[ɲ]	champagne[シャンパーニュ]	cognac[コニャック]
ç	[s]	garçon[ギャるソン]	français[フらンセ]
il(ille)	[ij]	travail[とらヴァィユ]	fille[フィーユ]
	[il]	ville[ヴィル]	mille[ミル]
s	[z]	poser[ポゼ]	oiseau[オワゾ]
ss	[s]	pousser[プセ]	poisson[ポワッソン]
h	[無音]	hôtel[オテル]	homme[オム]